中外名将的青少年时代

本书编写组◎编

ZHONGWAI MINGJIANG
DE QINGSHAONIAN SHIDAI

U0805342

世界图书出版公司
广州·北京·上海·西安

图书在版编目（CIP）数据

中外名将的青少年时代 /《中外名将的青少年时代》编写组编 . —广州：广东世界图书出版公司，2010. 8（2024.2 重印）

ISBN 978 - 7 - 5100 - 2482 - 5

Ⅰ. ①中… Ⅱ. ①中… Ⅲ. ①军事家 - 生平事迹 - 世界 - 青少年读物 Ⅳ. ①K815. 2 - 49

中国版本图书馆 CIP 数据核字（2010）第 151758 号

书　　名	中外名将的青少年时代 ZHONGWAI MINGJIANG DE QINGSHAONIAN SHIDAI
编　　者	《中外名将的青少年时代》编写组
责任编辑	柯绵丽　张梦婕
装帧设计	三棵树设计工作组
出版发行	世界图书出版有限公司　世界图书出版广东有限公司
地　　址	广州市海珠区新港西路大江冲 25 号
邮　　编	510300
电　　话	020-84452179
网　　址	http://www.gdst.com.cn
邮　　箱	wpc_gdst@163.com
经　　销	新华书店
印　　刷	唐山富达印务有限公司
开　　本	787mm × 1092mm　1/16
印　　张	10
字　　数	120 千字
版　　次	2010 年 8 月第 1 版　2024 年 2 月第 11 次印刷
国际书号	ISBN　978-7-5100-2482-5
定　　价	48.00 元

前　言

自人类诞生之日起，战争就一直伴随着我们。在战争中产生了许多名将，他们在战争中叱咤风云，他们功勋卓越，如果人类的战争史少了他们，那战争的结局又当如何呢？有人不禁要问：那些叱咤风云的名将是不是天生就是将才呢？他们的青少年时代又是如何度过的呢？

对于一个人自身而言，他在降生的那一天并不存在什么人生目的。他的大脑除了先天拥有的不满足的本性以外，并不存在什么意识，也就更谈不上什么人生的目的了。虽然他自降生的那天起不存在有人生目的，但是，他在未降生以前却被时代赋予了各种各样的目的，那些名将的青少年生活也曾经被家人赋予了各种各样的人生目的。

时光飞速流逝，如白驹过隙一般。人无法超越生命的自然极限，但是可以超越生命本身。对于人的一生而言，最宝贵的时光莫过于青少年时期。因为它决定着你的人生方向，而那些伟大的人物在青少年时代也和我们一样懵懂迷茫过，但是他们那种不愿屈服命运的抗争和不懈努力的奋斗最终使他们走上了辉煌。重温他们的少年时光，有的毫无差错却被外公毒打；有的不是为了几个铜板而是为了证明自己的勇气在棺木上睡觉；有的不是为了消遣而是为了不灭的理想在黑暗的面包房里读书；有的虽出生贵族但不得不为了自己家族的荣耀而身陷险境……然而当他们用心灵慢慢消受种种不幸时，也在创造一种辉煌和永恒。

影响人类战争结局的那些中外名将在他们有限的生命里，创造了辉煌和永恒。然而，他们的许许多多成功在青少年时代就奠定了基础。所谓的伟人，无非是比常人多付出，多经历了磨难的人罢了。不因痛苦而放弃你的选择，你才能成功。所以，当你遭遇厄运的时候，坚强与懦弱是成败的分水岭。一个生命能否战胜厄运，创造奇迹，取决于你是否赋于它一种信念的力量。一个在信念力量驱动下的生命即可创造人间的奇迹。综合本书中那些名将的青少年生活，我们会发现，他们的生活比别人多了些苦难，而他们自身却增长了常人所没有的信念。所以当代的青少年，要把握现在，不要错过这宝贵的青春年华，命运应自己把握，不要对自己做过的事情后悔。在人生的旅途中，最糟糕的境遇往往不是贫困，不是厄运，而是精神和心境处于一种无知无觉的疲惫状态。

“千里之行，始于足下；不积跬步，无以至千里；不积小流，无以成江海。”青少年朋友们，凡事要想做大，都得从小处做起，从眼前最基本的事情做起。人生之路不会是一帆风顺的，我们会遇上顺境，也会遇上逆境。如果一个人心里有远大的理想，却不愿意一步一步去努力，那他永远也不会有美梦成真的那一天。

目录
Contents

淮阴侯——韩信

孤苦少年 …… 1
胯下之辱 …… 3
汉军拜将 …… 3
汉中对话 …… 6
活捉魏王 …… 7
井陉大捷 …… 9
被封齐王 …… 12
垓下之役 …… 15
英雄的末路 …… 16

军事天才——拿破仑

出身乱世 …… 18
军校生活 …… 20
照料家庭 …… 22
思想的转变与斗争 …… 22
土伦初露锋芒 …… 25
时来运转的“7 月 13 日” …… 28
征意逞威 …… 33
皮埃蒙特之战 …… 34
洛迪战役 …… 40
荣归巴黎 …… 43

最杰出的指挥官——蒙哥马利

主教之子 …… 45
反叛者伯纳德 …… 47
“猴子”伯纳德 …… 49
从军校到郡团 …… 50
初上战场 …… 58
晋升二级参谋 …… 67

最伟大的前线指挥官——布莱德雷

寒门降世 …… 71
幸福的家庭生活 …… 73
父亲早逝举家迁移 …… 76
高中生活 …… 77
贵人相助考西点 …… 78
西点锻造 …… 81

征战无缘 …… 87
熔炉再铸 …… 95

西部牛仔——麦克阿瑟

苏格兰贵族世家 …… 103
父亲的影响 …… 105
回味无穷的童年 …… 109
坚毅自信的少年 …… 120

贵族出身的元帅——图哈切夫斯基

童年和少年 …… 132
理想和志向 …… 136
学生时代 …… 139
五次逃跑 …… 145

淮阴侯——韩信

韩信（？—前196），汉初著名军事家。淮阴（今属江苏）人。早年家贫，经常靠别人糊口度日。喜欢读书，尤其爱好兵法。在反秦斗争中，他投奔项梁。项梁死后，便归项羽，未受重用，就改投刘邦。汉王元年（前206），经丞相萧何的全力荐举，被刘邦拜为大将军。他协助刘邦制订了还定三秦、出关东与项羽争天下的方略。在楚汉战争期间，他率兵数万，开辟北方，俘获了魏王豹。在井陉之战中，他背水为阵，大破赵军。在潍水之战中，他率兵各个歼灭齐、楚联军。汉王三年（前204）二月，被封为齐王，参与指挥垓下（今安徽灵璧南）决战，攻灭楚军，逼项羽自杀，为汉王朝的建立作出了重要贡献。刘邦统一天下后，害怕诸将谋反，首先解除韩信的军职，以后又把他械系洛阳，贬为淮阴侯。汉高祖十一年（前196）正月，吕后与萧何定计，将韩信诱到长乐宫，以与陈豨谋反的罪名将他处死。韩信熟谙兵法，战法多变，著有兵书三篇，参与整理过兵家著作，还收集、补订过军中法律，现在都已失传。

孤苦少年

秦始皇嬴政年代，在江苏淮阴县韩家村，有位少年姓韩名信。幼年时家中虽不太富裕，但父亲是个勤劳明理之人，节衣缩食要供韩信读书识字。

韩信自幼聪明，他不辜负父亲的期望，对所学知识都能一一牢记。他的勤奋好学深得老师的器重。一次，老师对其学生言道：“我一生所教的学生中，惟有韩信日后能成大器，有所作为。”可惜韩信 12 岁时，其父因劳成疾，不幸早逝。韩母又百病缠身，家中渐渐一贫如洗。韩信 15 岁时母亲病故，他不得已辍学。从此他无依无靠，孤苦伶仃，靠在河边钓鱼谋生。他生性喜爱武功，便向村里一位武师学了点拳脚剑法。师父看他聪明好学，便将自己的佩剑赠送于他，他非常感激，便常常佩戴在身上。

当时，秦皇暴政，民不聊生。尽管韩信有才能，但是当县里推选小官吏的时候，不要说是运啬夫（掌管一乡的诉讼和赋税）这类乡官，就是一个小小的亭长（掌管治安警卫的低级乡官），也总是轮不到他。既不能为官作吏，又不会做买卖，韩信的日子过得越来越拮据，加之他在生活中随随便便，不大注意小节，常常到别人家里吃白食，惹得左邻右舍十分讨厌。大家都看不起他。

韩信有一个做南昌亭长的朋友，他也时常到这个朋友家里去白吃。最初这个朋友对他还好。几个月过去，朋友的老婆实在忍不住了，但又不便当面拒绝，更不便赶他出去，只好老早就起来烧饭，人家还蒙着头睡大觉的时候，他们已经吃完饭了。韩信不知道，这一天仍旧前来，主人对他冷冷的，也不请他吃饭。他为人尽管随便，也觉察到了，就一怒而去，从此与这个朋友断绝往来。

淮阴北面就是水，韩信常常到城下去钓鱼。妇女们也常常到水边去冲洗丝绵絮。有个妇女看见这个身材高大的小伙子，成天坐在岸上钓鱼。当妇女们吃饭的时候，他坐在那里；人们吃完饭，他仍旧坐在那里。最初，这个妇女只是感到奇怪，后来才觉察到，原来是个穷得连饭都吃不上的人。她对韩信十分怜悯，就把带来的饭食分一部分给他，他也毫不在意地吃了。韩信每天去钓鱼，这个妇女也每天送他饭吃，就这样几十天过去了。韩信以为这个妇女慧眼识英雄，就高兴地说：“我将来一定要重重报答您！”哪里知道，她竟怒气冲冲地说：“像你这样一个身高体壮的小伙子，却无法谋生，饭都吃不上！我是为了可怜你，才送饭给你吃，难道是希望得到你的报答吗！”对这一番话，韩信只好哑然失笑，原来并不是如自己想象的那样。

胯下之辱

母亲去世的时候，他穷得无钱安葬。但是，他却选择了一处高敞的荒地，空旷得可以居住1万户人家。他的打算是，将来一旦得势，一定要有这样多的人家，为他的母亲守坟墓。

这些故事一个个传开去，说的人当作笑话说，听的人也当作笑话听，越传越广。在淮阴，韩信逐渐成为一个被人们嘲笑侮辱的对象。

有一天，韩信在淮阴市集最热闹的地方，被一个强壮的小伙子拦住。这是一个杀猪宰羊的屠夫，认识韩信，想当众侮辱他一番，给人们开开心。他对慢慢围上来看热闹的人们说：“你们看看，这个人虽然又长又大，成天拿刀佩剑，不要以为他多么勇敢，其实是个胆小鬼！”接着，又当众辱骂道：“韩信，你如果真的有勇气，不怕死，就马上捅我一刀！如果贪生怕死，就从我胯下爬过去！”说罢，一阵狂笑，将两腿叉开，众人也跟着哄笑起来。韩信面对这场侮辱，恨不得立刻拔出剑来将这个屠夫刺死。

韩信忍住怒火，满面冷笑，对这个屠夫看了几眼，就弯下身子，匍匐在地，从其胯下爬了过去。屠夫得意非凡，哈哈大笑，哄笑声传遍了整个市集，人们都认为韩信胆小怕死，是个孬种。

汉军拜将

秦二世元年（前209）七月，陈胜、吴广领导的秦末农民大起义爆发，并很快发展成燎原之势。同年九月，项梁在会稽郡（首府在今江苏苏州市）杀掉了秦朝的命官，举兵反秦。这时韩信已长大成人。陈胜失败以后，项梁于秦二世二年（前208）打过淮河，到达下邳（今江苏睢宁西北），并招兵买马，扩充队伍。韩信便带着他的宝剑，投奔了项梁，做了一个无名小卒。

不久项梁在定陶（今山东定陶）一战中，被秦军偷袭，不幸阵亡，于是韩信又归到项羽的部下，做了项羽的郎中（侍卫）。韩信便利用这种身份，经常接近项羽，并且屡次给项羽献计献策。可是项羽根本看不起韩信，从来不肯采纳他的意见。韩信见项羽刚愎自用，听不进自己的意见，就想离开项羽，另谋出路。

汉元年（前206）十月，刘邦起义军攻入咸阳，推翻了秦朝的统治。随后，项羽也率军入关，并在同年二月自封为西楚霸王，以梁、楚九郡作为自己的封地，建都彭城（今江苏徐州），同时分封了18个诸侯王。刘邦被封为汉中王，以偏僻的巴、蜀、汉中地区作为封地，建都南郑（今陕西南郑）。为了阻止刘邦向东发展势力，项羽又把关中地区一分为三，分封给秦朝的三个降将：章邯为雍王，建都废丘（在今陕西兴平南）；司马欣为塞王，建都栎阳（在今陕西临潼东北）；董翳为翟王，建都高奴（在今陕西延安）。

同年四月，各个受封的诸侯王都领兵回到自己的封地，刘邦也前往南郑。当时项羽只给了刘邦3万人，但是自愿投奔刘邦的就有好几万人，多数是项羽的部下。这时郁郁不得志的韩信便从楚营逃跑，投到刘邦部下。刘邦让他当了一个称为连敖（管理粮草）的小官，韩信大失所望。

有一次，韩信等13人犯了法，被处以斩刑。其他人都一一被杀掉了，眼看就要轮到韩信。正在这时，韩信突然仰起脸来，看见了刘邦的亲信夏侯婴，便有意大声呼喊：“汉王不是想坐天下吗？为什么还要杀壮士！”夏侯婴觉得这话非同一般，便回过头来端详了一番。只见韩信体魄魁梧，相貌堂堂，便把他放了。经过交谈，夏侯婴很赏识韩信的才干，后来就把他推荐给刘邦，刘邦就让韩信当了治粟内史（管理粮饷的官）。

后来，韩信利用这个身份经常接近萧何，并多次跟萧何交谈。在接触的过程中，萧何逐渐发现，韩信有胆有谋，是个不可多得的人才，于是多次向刘邦推荐韩信，希望能够重用他，刘邦没有采纳。当时刘邦的部将和士卒是关东人，他们到了南郑以后，经常思念故乡，不愿意长期留在巴、

蜀、汉中地区，所以逃亡的部将就有几十人。韩信见萧何多次向刘邦推荐自己，刘邦却始终不予理睬，便十分苦闷。

一天夜里，韩信悄悄离开南郑，逃走了。萧何得知韩信逃走，认为事关重大，追人要紧，也没向刘邦报告，就急急忙忙亲自去追赶。有人见萧何匆匆离去，以为萧何也逃跑了，便跑去向刘邦报告说："丞相开小差了！"刘邦听了，如雷击顶，大吃一惊。萧何足智多谋，又与刘邦共同起事，刘邦没有萧何，就像失去了左右手，所以成天坐卧不安，非常生气。

两天以后，萧何突然来见刘邦。刘邦又气又喜，责怪他为什么私自逃跑。萧何向刘邦解释说："我哪敢逃跑？我是去追赶逃跑的人。"刘邦问："你去追谁？"萧何说："我去追韩信。"刘邦不以为然，骂道："逃亡的将领有几十个，你从来没有去追赶；你说去追韩信，这明明是在欺骗人。"萧何赶快向刘邦解释说："大王，你不知道，那些逃跑的将领才能平庸，并不难得，像韩信这样的将领才是举国无双。大王若是只打算长期在汉中当王，不谋进取，不用韩信倒也可以；但是，如果想争夺天下，缺了韩信，就没有人为你领兵征战，你的愿望就实现不了。所以用不用韩信，就看你今后做什么打算了。"刘邦一听，急忙说："我也很想向东发展，哪能长期在这里当这个不争气的汉中王呢？"萧何乘机说："你既然决计东征，就要任用韩信。你能重用韩信，韩信就会留下；如果仍然不肯重用，韩信终究还会逃跑。"刘邦不得已地说："看在你丞相的面上，就让他当个将领吧。"萧何说："即使让当个将领，他仍然不肯留下。"刘邦犹豫了一会儿说："给他个大将当当，怎么样？"萧何十分高兴，立刻赞同说："太好了！"

汉王刘邦答应拜韩信为大将，就想马上召见韩信。萧何见刘邦对拜将这样的大事，看得如此轻率，就立刻制止说："大王素来傲慢，不讲礼节，现在拜大将就像招呼一个小孩儿那样，这正是韩信要逃跑的原因。"接着萧何又向刘邦建议："既然要拜韩信为大将，就必须选择吉日良辰，沐浴更衣，戒荤戒酒，表现出诚意，然后搭起坛场，召集群臣，按照礼节，亲自授印才行。"刘邦只好答应下来。

当时，刘邦手下的将领们听说要拜大将，都非常高兴，但又不知道这位未来的大将到底是谁，甚至有许多人认为，被拜为大将的不会是别人，肯定是他自己，所以个个喜笑颜开，像过节一样，到处喜气洋洋。等到拜大将的那天，他们万万没有想到，登上将台的竟是“受辱胯下”的韩信。全军上下，个个惊得目瞪口呆。

汉中对话

拜将仪式结束以后，韩信被让到上座，刘邦问道：“萧丞相多次在我面前推荐你，你有什么锦囊妙计呢？”韩信没有直接回答，却反问刘邦：“大王要东征，夺取天下，你的对手难道不正是项羽吗？”刘邦回答：“是。”韩信接着又问：“你自己权衡一下，论勇悍仁强，你和项王相比谁强？”刘邦沉默了一会儿，说：“我不如项王。”

韩信见刘邦还有点自知之明，便又继续说道：“是呀，我也认为你比不过项羽。我曾在项羽手下干过，我很了解他的为人。他是一个叱咤风云的人物，一声怒吼，就能吓退成千上百的敌人；但是他缺乏头脑，不善于任贤用能，驾御良将，所以这不过是‘匹夫之勇’。项羽待人还算恭敬慈爱，谈吐也比较温和，部下有了疾病，他又很同情，为他们分忧，并把食物分给他们；但是当部下立了功，应该封赏时，他又很悭吝，犹犹豫豫，迟迟不肯把印绶颁赐给人家，这不过是那些见识短浅的‘妇人之仁’。”接着，韩信指出：“项羽虽然称霸天下，驾御诸侯，却违背义帝的盟约，分封亲信，所以诸侯都不满意；项羽为人残忍，所过之处，烧杀抢掠，天下多怨，百姓不服。所以项羽名为霸王，实际上很不得人心；项羽貌似强大，但很容易由强变弱。”他继续对刘邦说：“如果您能反其道而行之，任用天下勇武之士，有什么强敌不能被您诛灭？如果您把天下的城邑分封给功臣，谁还敢不惟命是从？如果您统率仁义之师，并利用许多将士思念故乡的心情，进行东征，有什么敌人不被您打得落花流水？”

他认为，秦朝降将章邯、司马欣、董翳率领的秦军死伤不可胜计，项羽又把降卒20余万全部活埋，只有他们3个人例外，秦中父老对他们早已

恨之入骨髓，项羽硬是把他们分封为王。另一方面，刘邦入关之后，秋毫无犯，并废除秦时苛政，与秦百姓实行约法三章，所以人人都希望让刘邦在三秦地区称王；对项羽违背盟约，把本来应该封在关中的刘邦，封到偏远的南郑，三秦地区的百姓也愤愤不平。所以，韩信对刘邦说：“如果您举兵东征，三秦地区可以传檄（声讨的文书）而定！”

韩信在分析形势时，不是单纯从军事力量的对比着眼，而是把战争的胜负同人心的向背紧密联系起来，表现了超人的政治远见和卓越的军事才能。同时提出了东进的具体部署，使刘邦看到了希望。所以，刘邦听了，喜出望外，感叹自己跟韩信相见恨晚。接着就根据韩信的计策，着手部署兵力。一方面让萧何留守南郑，巩固后方，负责向前方输送兵员和粮饷；另一方面调兵遣将，亲自率军进攻关中。

活捉魏王

汉元年（前206）八月，汉军开始进兵。韩信向刘邦献计：“明修栈道，暗出陈仓。”栈道是架在山崖上的木板路。当初刘邦来南郑的时候，采纳张良的建议，把沿途的栈道全部烧掉，这样可以防止他人的袭击，又表示自己无意东进，借以消除项羽的疑忌。所谓“明修栈道”，就是使用声东击西的计谋，佯修栈道，实际上大军由陈仓（在今陕西省宝鸡市东，是交通要道）迂回出击，出敌不意地首先击败了雍王章邯，接着又挥师东进，使塞王司马欣、翟王董翳先后投降。韩信统率汉军，不到3个月，就平定了三秦。

平定三秦、打开东进的通道后，刘邦就利用项羽率军到山东征伐齐国的机会，联合了魏、韩、殷、齐等国军队，向项羽发动进攻。公元前205年，攻取了项羽的都城彭城。但是，立刻遭到项羽的反击。项羽亲领3万精兵，回师灵璧，在濉水大破汉军。刘邦好不容易逃出重围，一直退到荥阳。

此时，原先投降刘邦的塞王司马欣、翟王董翳又归降项羽，魏王、齐王、赵王看到汉军败退，也先后背弃了刘邦。这时，刘邦面临困境，便一方面在荥阳坚守，对抗项羽；一方面封韩信为左丞相，命他率军北上，出击魏国，首先解除侧翼的威胁。这时，扭转败局的希望就寄托在韩信身上了。

魏王豹当时占据着河东（今山西省西南部），他向西进兵可以威胁关中的安全，向南出兵可以截断关中和荥阳的联系，造成配合楚军夹攻荥阳的形势。这对汉军平说，就好像扎在背上的芒刺一样。为了拔掉这根芒刺，刘邦派人去争取魏王豹重新站到自己这方面来，谁知魏王豹不肯答应。刘邦就在这年八月，派韩信、曹参等，率领部队去进攻魏王豹。

魏王豹听说汉军前来进攻，就任命柏直为大将，统领全军，扼守黄河东岸的蒲坂（今山西省永济县西），封锁黄河渡口临晋津，阻止汉军渡河。柏直还组织了一支别动部队，沿着黄河巡逻同时还把民用船只全部赶走，不许在河内来往停泊。柏直部署完毕，很是得意，认为汉军如果要渡河，除了通过险要难攻的蒲坂要塞外，再没有别的路了。

韩信领兵来到前线，看到蒲坂形势险要，魏王豹又派有重兵把守，知道要从正面进攻很难取胜。经过一番研究，他决定采取声东击西、避实就虚的战法。他把汉军大营隔河设置在蒲坂对岸，在军营附近插满了旌旗，并且把汉军方面所有的船只都集中到这里来；白天叫士兵们擂鼓呐喊，夜间灯火通明，调兵遣将忙个不停。表面上，汉军好像是要从这里渡河，实际上韩信却把汉军主力偷偷地向北调动，选择夏阳（今陕西省韩城县南）作为渡河地点。

魏军看到河对岸汉军调动频繁，真以为韩信要从蒲坂渡河了。柏直认为，蒲坂要塞这样坚固，又有重兵把守，而且黄河水流很急，不管韩信有多大本事，也无济于事，魏军只要守住这个要塞，就可以高枕无忧了。因此，他对黄河上游的防备，根本没有放在心里。

汉军开到夏阳以后，韩信命令士兵做了大批的小口木桶，几个木桶连成一体，上面绑上了木排，倒扣在水面上，作为渡筏。这种渡筏既平稳，浮力又大。汉军乘着这些渡筏，从夏阳偷渡过去。魏军在这里根本没有设防，汉军很顺利地渡过了黄河，攻下了魏的后方重镇安邑（今山西省安邑县东北）。这时候，魏王豹慌忙领兵迎战，可他哪里是韩信的对手？没有多少天，韩信指挥汉军把魏军打得大败，最后活捉了魏王豹，把他送到驻扎在荥阳的刘邦那里。

井陉大捷

韩信在灭魏以后，立刻上书刘邦，请求增兵3万，去消灭赵、代这两个割据势力，刘邦批准了韩信的这一作战计划，拔给他步兵3万人，并且加派熟悉河北情况的张耳去协助他。

汉王二年九月，韩信大破代兵，活捉了代的相国夏说。经过灭魏、平代两大胜利，韩信收用了一大批俘虏兵，增强了汉军的力量。

汉王三年（前204）十月，韩信率领数万人马向东越过太行山，对赵国发动了进攻。汉军和赵军在赵国西部边界的险要隘口——井陉口相遇，一场决战就要开始了。井陉县东面有土门关，在井陉口的西面，有一条长约100里的狭窄驿道，地势险要，易守难攻。赵王歇和赵军统帅陈余集中10多万赵军，扼守井陉口。韩信的军队不过几万人，而且有一半是新招募来的，缺乏训练，没有作战经验。就兵力来说，赵军方面占有很大优势。

战争开始之前，赵国的谋士李左车曾经向统帅陈余提出一个作战计划。首先，他向陈余指出：“韩信在活捉魏王豹以后，出兵攻破代国，现在刘邦又派张耳协助韩信，乘胜来打赵国，汉军士气正旺盛，我们必须避开它的锋芒，不可轻敌。”接着，他又向陈余提出破敌计划说：“汉军从远道来进攻我国，粮草需要从千里以外运来，这就好比要等到樵夫打了柴后才能烧饭，士兵是吃不上饱饭的。井陉口道路狭窄，车马不能并行通过；汉军的作战部队虽然已经通过100里的隘口驿道，估计他们的运粮部队必然没有跟上来，一定还在大军的后面，请您拨给我3万人马，从小道去夺汉军的粮草，切断汉军的粮道，并且堵住汉军后退的道路，您率领赵军深沟高垒，据险坚守，不要同韩信进行主力决战，使他求战不能，后退无路，这样做，

用不了10天，我就可以把韩信、张耳的人头献到您的帐下。否则，我们是一定要被汉军打败的。”

李左车的作战计划，是依据双方实际情况提出的，比较稳妥可靠。但是书生气十足而又骄傲轻敌的陈余，却说什么“义兵不用诈谋奇计”，并且引用兵法上“十是围之，倍则战”（兵力比敌人多10倍，应当采取包围的战法；兵力比敌人多1倍，就可向敌人发动进攻）的话作为根据，来反驳李左车。他说：“汉军号称数万，其实不过几千人。他们从千里以外来进攻赵国，士兵早已疲劳不堪。对这样的弱敌，我们如果避而不打，以后再遇到强敌进攻，又该怎么办呢？这样，各路诸侯就会讥笑我们胆怯，轻易地来攻打我们。”陈余就这样断然地拒绝了李左车的建议。

韩信是一个有深谋远虑的军事家，他深知敌我力量相差很大，不能直冲猛打，就把大军驻扎在离井陉口很远的地方，观察形势，研究赵军的部署，寻找有利战机。他侦察到赵军统帅陈余拒绝了李左车的作战方案，心中十分高兴。同时他了解到陈余的胃口很大，想在井陉口一口吞掉汉军。针对陈余这种盲目轻敌的心理，韩信心中形成了一个出奇制胜的作战方案。他立即指挥部队开到离井陉口30里的地方驻扎下来，韩信从汉军挑选了2000名年轻力壮的骑兵，叫他们每人手持一面红旗，等到半夜的时候，趁着天黑悄悄地从山间小道迂回到赵军大本营的侧后方，在那里埋伏下来。韩信嘱咐他们说：“明天我军就要和赵军决战了。赵军如果看到我军后退，一定会倾巢追击。你们乘赵营空虚，赶快攻进去，把赵军的旗帜全部拔掉，换插上咱们汉军的红旗。”韩信把任务交代完了，就传令开饭。这次出征和往常不同，往常临战之前，总要饱餐一顿，这次却只给士兵们预备了少量饭菜。将士们不明白是什么缘故。韩信解释说：“大伙儿先少吃一点东西，等到天明大破赵军之后，再举行丰盛的会餐吧！”将士们知道赵军人多势众，是个劲敌，对统帅的话都不敢相信，只得勉强答应说：“是了！”大家壮着胆子出发。

2000名轻骑兵出发之后不久，韩信又派1万人马作为先锋部队，前进到井陉口附近，沿着绵蔓水摆成阵势。韩信知道陈余想把汉军一网打尽，不会攻打汉军的这1万先头部队。他对先头部队的将领说：“赵军已经抢先

占据有利地形，筑成壁垒。我们这1万先头部队既不是主力，又没有设置大将旗鼓，陈余必然不肯先来攻打你们。因为他怕一攻打你们，我们后面的主力部队就会往回撤退。”事情果然不出韩信所料，这支先头部队并未遭到任何阻击，就顺利地开到了绵蔓水的东岸，建立起营地。赵军望见汉军背水列阵，无路可以退兵，都讥笑韩信根本不懂得兵法。

汉军按照韩信的计划布置完毕，已经天色微明了。韩信亲自率领汉军，打着大将的旗号和仪仗，敲起战鼓，呐喊着向井陉口杀来。陈余看到汉军发起了进攻，认为消灭汉军的机会到了，立刻传令赵军出击。赵军漫山遍野，向汉军冲来，双方大战了很长时间。韩信、张耳假装战败，把旗鼓仪仗都扔掉，向绵蔓水方向后退。赵王歇和陈余看到韩信、张耳后退，误认为汉军真的打了败仗，就倾巢而出，10多万赵军一面争着抢夺战利品，一面追赶韩信、张耳。

韩信、张耳带着汉军主力部队退到绵蔓水边，和原来背水列阵的1万汉军会合起来，重新同赵军展开激战。前面是倾巢追过来的敌兵，背后是水深流急的绵蔓水，在这紧要关头，汉军要么向前拼死杀敌，要么后退淹死水中。只见汉军将士人人奋勇，个个争先，无不以一当十，拼死战斗。赵军依仗人多势众，往来冲杀了很多次，仍然攻不破汉军阵地。韩信、张耳指挥的汉军，就这样把10多万赵军牢牢地拖住在绵蔓水边。

再说埋伏在赵营背后的汉军2000名轻骑兵，一看到赵军倾巢出动，就立刻乘虚攻入赵营，把赵军的旗帜全部拔掉，换上了汉军的红旗。霎时间，赵军的大本营变成了汉军的大本营。

赵军在绵蔓水边和汉军苦战了大半天，没有取得胜利。陈余看到士兵们往返冲杀，已经疲劳不堪，活捉韩信、张耳的美梦渐成泡影，便下令鸣金收兵。筋疲力尽的赵军乱哄哄地往回撤退，走到半路，就远远地望见大营的四周已经插满了汉军的红旗，不禁大惊失色，以为赵王已被汉军俘虏，于是抛戈弃甲，纷纷溃逃。赵将虽然杀了不少溃逃的士兵，依然不能制止赵军的溃散。占据赵营的汉军乘势杀出，韩信指挥的汉军主力部队同时反攻过来，把赵军彻底打垮，斩了赵军主帅陈余，俘虏了赵王歇。韩信统率的汉军获得了井陉战役的完全胜利。

战争结束，汉军将领一一呈献斩杀的敌军首级和上报俘虏敌军的数字，庆祝这次战争的胜利。将领们十分佩服韩信的指挥艺术，但是依然不明白其中的道理，纷纷问道：“按照兵法，行军布阵应该是右面和背后靠山，前面和左面临水，现在将军却违反兵法规定，背水列阵，并且充满信心地告诉将士们说，等天明打败赵军再一同会餐。我们当时并不相信您的话，可是您竟取得了胜利，这是什么原因呢？”韩信回答说：“背水为阵在兵法上也是有的，只是诸位没有考察罢了。兵书上不是说过，‘陷之死地而后生，置之绝地而后存’吗？我之所以要背水列阵，就是按照这个道理。我知道，我在军中时间不太长，还没有真正建立起威望来。况且汉军大多数是刚刚招募来的新兵，缺乏训练，战斗意志不够坚定，指挥新军作战，就好比赶着市上的人群去作战一样。因此，必须把他们安置在后退无路的‘死地’，才能使他们各自为战，拼死冲杀；如果把这些士兵配置在安全地带，有路可逃，一到战斗激烈，他们就会争着逃走，哪里还会听从指挥呢！”将领们听了韩信的解说，都异口同声地说：“您的计策太妙了，我们哪能赶得上啊！”

被封齐王

井陉大捷以后，刘邦又把韩信的精兵抽调到荥阳，这样既可以用以抵抗项羽，又可以削弱韩信的兵力。因为他对韩信已抱有戒心了。

当井陉大战中赵汉两军还在紧张作战之时，韩信因注意到李左车的智谋和才能，便下令凡活捉李左车者赏千金，所以战争结束后，李左车就被绑到韩信的帐下，韩信亲自为他松绑，让到上座，虚心向他请教攻打燕齐的策略。李左车先是推辞说：“亡国之夫不可以图存，败军之将不可以语勇。现在我是你的俘虏，凭什么与你商讨军政大事呢？”

在韩信的诚恳请求下，李左车终于说：“您率领的这支军队，经过长期征战，已经疲惫不堪，难以再战了。您如果继续用这支军队去攻打燕国，恐怕一时难胜，长期相持，一定会暴露汉军的弱点，粮饷供应也成问题。如果连弱小的燕国都攻不破，那齐国必定会奋力抵抗。如果将军与燕、齐两国军队久战不决，那么刘邦、项羽之争，谁胜谁负就很难说。我以为，当今之计，您不如解甲休兵，安定赵国，存恤百姓，犒赏将士，养精蓄锐，并陈兵于燕国边境，然后派一使者送一封信去燕，燕国就不敢不惟命是从。燕国顺服了，齐国自然会不战而降。”

韩信听从李左车的建议，派遣使者到燕国去游说，燕国果然投降了。接着，韩信又派人去报告刘邦，请求立张耳为赵王，以便镇抚赵国，刘邦答应了。

项羽听到韩信破赵的消息以后，便多次派兵渡过黄河，袭击赵国。韩信率领汉军救赵，稳定了民心。

韩信平定赵国，带兵向齐国进发时，项羽便集中兵力，在荥阳、成皋一线加紧了对刘邦的进攻。汉高祖三年（前204）四月，项羽再次把刘邦围困在荥阳，形势十分危急。同年五月，刘邦仅率数十骑突围。汉军重整旗鼓后，出兵宛（今河南省南阳市）、叶（今河南省叶县南）二县之间，接着乘项羽东攻之机又占领成皋。六月，项羽又回师攻下荥阳，把刘邦围在成皋。刘邦只得从成皋北门逃出，渡过黄河，来到韩信的驻地修武（今河南省获嘉县）。

第二天早晨，刘邦闯进韩信、张耳的军帐，夺去了他们的印信和兵符。这时韩信和张耳还在睡觉，到他们起床时，才知道刘邦夺取了军权。这时，刘邦召集众将，命令张耳留守赵地，拜韩信为相国，叫他领军去攻打齐国。

韩信依令东进攻齐，到达平原（今山东省平原县南），听说汉王刘邦已派郦食其劝说齐王田广背楚降汉。韩信便想停止前进。此时有个叫蒯通的谋士，对韩信说：“将军是按汉王的命令前去攻齐，虽然汉王又暗中派使者去劝说齐国投降，但是汉王并没有叫你停止进军。郦食其不过是个书生，他能说降齐国70多座城池，难道你还不如一个书生吗？”韩信觉得有理，便下令渡过黄河，继续向齐国进军。

早些时候，齐王田广对韩信是有防备的，并在历下（今山东省济南市西）屯驻重兵。郦食其前去劝降以后，田广便解除了战备，几乎每天跟郦

食其饮酒作乐。

汉高祖四年（前203）十月，韩信的军队奇袭了齐国在历下的守军，直逼齐国的都城临淄。齐王田广得讯，认为郦食其欺骗了他，立即派人把他丢在油锅里烹死。当晚，齐王田广在大将田横保护下，逃至高密（今山东省高密县西南），同时派人去向项羽求援。

此时项羽与刘邦正处于对峙阶段，自己分不出身，便派大将龙且领兵10多万前去救齐。齐王田广招集散兵，从高密来到潍水（即现在山东的潍河）东岸和楚大将龙且联合，准备与韩信决战。

韩信率军正向潍水前进，听说龙且带领大军来了，便把军队驻扎下来，连夜派人向汉王报告。刘邦调曹参、灌婴两支人马，配合韩信作战。乘夜间，韩信派出一部分军队到潍水上游用沙袋塞住河水，然后带领军队假装过河要袭击龙且，双方军队一经交战，又佯装打败后退。龙且并不把韩信放在眼里，带兵渡过潍水追击韩信。韩信派人撤去堵住上游水流的沙袋，水就往下游冲过来。龙且的军队大半还没有渡水，韩信乘势挥师回头掩杀，楚军大败，龙且当场被杀死。岸边还没来得及渡河的少数士兵纷纷逃散。齐王田广也来不及逃跑，被汉军活捉。韩信乘胜追击，一直杀至城阳（今山东省莒县），占领了整个齐国。

韩信平定齐国以后，就派使者给刘邦送信，请求立自己为“假王”（代理齐王）。此时刘邦与项羽正在荥阳对阵，刘邦的胸部还带着箭伤，心情很不好。接到书信一看，便骂道：“我被围困在此地，每天盼望他来援助我；他不但不来，反而想立为假王！”在场的张良和陈平赶忙轻声告戒刘邦说：“当今形势对我们不利，哪能触犯韩信呢？不如就此立他为王，让他守住齐国。不然的话，恐怕要发生变故！”刘邦才醒悟过来，又假装大骂说：“大丈夫南征北战，平定诸侯，就应该做个真王，何必当假王。”这年二月，张良作为刘邦的特使，带着印绶，去封韩信为齐王，并借此机会又调动了韩信的部队。

垓下之役

韩信克燕，破齐，击溃了楚军20万人，歼灭了楚国的羽翼，削弱和牵制了楚国的力量，使项羽不能全力攻击坚守在荥阳、成皋（荥阳西北）一带的刘邦。这时，楚汉战争的形势发生了很大变化，汉军有关中和巴蜀的大量兵源和物资供应，足够同楚军长久相峙；楚军力量虽还强大，但已渐渐削弱下去，汉军已处于优势了。

当时的形势是刘邦、项羽和韩信各有一支军队，形成鼎立的局面。项羽派人劝说韩信和自己联合对付刘邦，三分天下，各自为王。谋士蒯通也在此时劝韩信及早脱离刘邦，自立为王。然而韩信都没有听从，他信任刘邦，决心服从刘邦，为他打天下。

汉高祖四年（前203）八月，项羽被迫和刘邦讲和，双方约定以鸿沟（在今河南省荥阳县西）为界。鸿沟以西归汉，鸿沟以东属楚。九月，项羽领兵返回彭城。此时刘邦也想回关中。张良、陈平出谋画策，建议刘邦趁项羽东归之机，抓住有利时机，消灭项羽，否则就等于“养虎自遗患”。刘邦采纳了他们的的意见，立即发兵追赶。

汉高祖五年（前202）十月，刘邦的军队追至阳夏（今河南省太康县）南，便驻扎下来。刘邦派人跟韩信等联系，命令他在固陵（今河南省太康）会合共同围歼项羽。刘邦领兵到达固陵，追上了楚军，但是韩信、彭越的军队没有及时赶到，他孤军深入，遭到楚军的回击，损失惨重。因此，刘邦只得避开楚军的锋芒，深挖战壕，修筑壁垒，作防守反击的准备。

因为韩信没有按期到达固陵，刘邦非常着急。张良建议：“项羽眼看就要被打败了，韩信等人却没有得到封地，他们不前来助战，是意料中的事。如果大王您能与他们共分天下，他们定会前来。这样，项羽必败无疑了。”听了张良的一番话，刘邦答应把陈（今河南淮阳县）以东直到东海一带都划归韩信。韩信得到封地以后，非常高兴，就主动请战，挥师南下。此时各路大军都到达垓下（今安徽省灵璧县南）。

同年十二月，项羽在垓下，被各路大军紧紧包围了。这时他势孤力单，兵少粮尽，不敢出战。

一天夜半，项羽百般无奈，只得率领800名骑兵向东南方向突围而去。天亮时，汉军发觉，由灌婴率领5000骑兵追赶。项羽欲东渡乌江（在今安徽省和县东北的乌江镇），被汉军追上。项羽奋力冲杀，斩汉都尉一人，杀伤汉军数百人，自己身上受伤十余处。然而，匹夫之勇是挽救不了他失败的命运的，最终项羽自刎于乌江。

楚汉之争刚结束，刘邦立即夺了韩信的军权，封他为楚王，定都下邳。

英雄的末路

在这之前，韩信对刘邦存在幻想，没有想到过背叛。现在，韩信被夺去军权，才感到刘邦对他的信任都是假的。

韩信初到楚国，出入要士兵保卫，就有人上书，诬告他企图谋反。项羽的部将钟离眜和韩信有私交，项羽败亡后，他就投奔韩信，更引起刘邦的猜疑，便下令韩信把钟离眜抓起来。此时有人对韩信说："你把钟离眜杀了，把他的头献给汉王，汉王必然高兴，你也就没有什么祸患了。"于是韩信找钟离眜谈了此事，钟离眜对韩信说："汉王所以不袭击楚国，是因为我在这里。如果你把我杀了，提着首级去讨好汉王，你也会随即送命。"钟离眜说完就自刭而死了。韩信果然带着钟离眜的首级去拜见汉王，汉王马上命令武士把韩信绑起来，载在后车。此时韩信才明白过来，长叹一声说："果然如他人所说的那样：'狡兔死，走狗烹；飞鸟尽，良弓藏；敌国破，谋臣亡。'现在天下已定，我是该死了。"但是汉王并没有马上杀他，只是把他押至洛阳，降了他的职位，改封为淮阴侯。自此以后，韩信称病，不去朝见刘邦，也不肯跟刘邦出外游猎，整天心怀怨愤，闷闷不乐。

韩信的性格有个致命的弱点，就是自高自大，看不起别人。他自恃功劳盖世，对其他功臣都羞于为伍，因此得罪了许多人。他甚至在刘邦面前也流露出骄傲的情绪。有一次他与刘邦闲聊。刘邦问韩信说：“你看我能带多少兵？”韩信说：“陛下带兵不过10万。”刘邦又问：“你呢？”韩信自傲地随口说：“韩信带兵，多多益善。”刘邦很恼火，龙颜大怒：“既然如此，为什么会被我活捉呢？”韩信一愣，知道说漏了嘴，赶紧解释说：“陛下不能带兵，却善于指挥将领，所以我被你所捉。况且，陛下所作所为顺乎天意，不是人力所能战胜的。”刘邦这才转怒为喜，哈哈大笑。

刘邦走后，韩信吓出了一身冷汗，他已知晓刘邦迟早不会放过自己。

公元前197年九月，阳夏侯陈豨谋反，自立为代王。刘邦亲自率军前往征讨。韩信抓住这机会，派人暗中和陈豨联系，准备里应外合，袭击宫廷。没想到韩信有位门客的弟弟把消息密报给吕后。阴险毒辣的吕后听从萧何之计，设了个圈套，假意说刘邦已经杀掉了陈豨，召集群臣到宫中祝贺。公元前196年正月的一天，不知内情的韩信被萧何骗进长乐宫，吕后就命武士将他捆绑起来，连罪状也不宣布，就把韩信拖到钟室里杀掉了，并下令夷灭韩信九族。临死前韩信仰天长叹说：“我悔不该当初不听蒯通的劝说，如今竟中了这狗女人的圈套，这是天意啊！”

这位出生贫贱的一代名将，终于成了封建皇帝的牺牲品。

至于韩信究竟有没有谋反，许多历史学家都提出了疑问。封建统治阶级诛杀功臣，“欲加之罪，何患无辞”，这是必然的结果。遗憾的是“成也萧何，败也萧何”，是萧何发现了韩信的军事天才，又是萧何作为帮凶将韩信推上了断头台。

在汉王朝的建立过程中，韩信有着不可磨灭的历史功绩。“汉之所以得天下，大抵皆韩信功也。”对韩信的军事才能，刘邦也心悦诚服，声称：“率百万之众，战必胜，攻必取，吾不如韩信。”韩信是一位杰出的军事将领，他的卓越指挥才能给中国古代文化传统留下一份宝贵的财富，他那曲折的人生经历也成了后人世代传说的英雄故事了。

军事天才——拿破仑

拿破仑，出生于科西嘉岛，法国军事家与政治家，法兰西第一共和国第一执政（1799～1804），法兰西第一帝国及百日王朝的皇帝（1804～1814或1815），曾经占领过西欧和中欧的广大领土，使法国资产阶级革命的思想得到了更为广阔的传播。拿破仑在位前期是法国人民的骄傲，直至今日一直受到法国人民的尊敬与热爱。

出身乱世

在意大利半岛的西面，有一个形状如鸡蛋的海岛，名为科西嘉岛。该岛山峦起伏、丛林密布。岛上居住着一个顽强好斗的民族，他们犹如雄鹰一般，时刻盘旋在自己的窝巢之上，对来犯敌人进行毫不留情的痛击。

科西嘉岛属热那亚商业国，18世纪上半叶，岛上人民开始了反对热那亚占领者的民族独立运动。他们在自己的领袖保利的领导下，赶走了热那亚人，成立了科西嘉独立政府。然而，好景不长，1768年5月15日，热那亚同法国签订了科西嘉归让法国的秘密协定，把实际上已不拥有的对科西嘉的“权力”出售给法国。法国强大的远征军占领了该岛的沿海城镇。岛上居民对这种出卖和蹂躏科西嘉人民自由权利的行径极为愤慨，他们再度团结一致，在保利的指挥下，展开了反抗法国入侵者的战斗。保利身边有

位年轻的副官名叫夏尔·波拿巴，他是岛上阿雅克修城的一个贵族，当时正在攻读法律。夏尔具有狂热的性格，他痛恨法国人的入侵，毅然放下书本，带着妻子莱蒂齐亚·拉莫利诺参加了科西嘉保卫战。炮声隆隆，飞尘蔽日，岛上居民顽强地抗击着登陆的法军。夏尔的第一个孩子约瑟夫便出生在这个战火纷飞的年代。

1769 年春，岛上居民终因寡不敌众，被迫向征服者屈服，保利逃往英国。夏尔带着妻子回到阿雅克修城，顺从了法国人的统治，加入了法国籍。

1769 年 8 月 15 日，夏尔的第二个孩子又出生了。为了纪念在 1769 年牺牲的叔叔，夏尔给这个头颅硕大的男婴起了一个与叔叔同样的名字——拿破仑，意为“荒野雄狮”。在以后的数年中，这个并不富裕的贵族家庭又陆续添了三个儿子和三个女儿。这一大群儿女在祖宗遗留下来的大屋里天真地嬉闹着，谁也不曾料到他们中间竟会有一个成为名震寰宇的人物。

在八个兄弟姐妹当中，老二拿破仑总是显得与众不同。他从小性格孤僻、沉默寡言，不甚合群。当他的兄弟姐妹在花园或草地上兴高采烈地做游戏并发出一阵阵愉快的呼喊声时，拿破仑经常一个人悄悄溜走，来到一个孤零零的岩石洞里，这是他喜爱的隐居地。他斜靠着洞口的岩石上，手拿着书，几个小时地凝视着地中海的辽阔海洋和蓝色天空。就这样他度过了一个又一个阳光明媚的上午或下午，谁也不知道他的小脑袋里究竟在想些什么。拿破仑也有同小伙伴在一起的时候，但多半是与他们争吵和打架。他生性好斗，脾气暴躁。他自己后来回忆道：“什么我都不在乎，我喜欢争吵、打架；我谁都不怕。见了什么人，我不是打，就是抓，谁都怕我。最倒霉的是我的哥哥约瑟夫。我打他、咬他，他还因此挨骂，因为当他还在惊悸未定的时候，我就向母亲告状了。我这样耍花招，也的确占了便宜，不然的话，妈妈莱蒂齐亚是会因为我打架而罚我的，她任何时候都不会容忍我去侵犯别人！”

兄弟妹妹们都不喜欢拿破仑，可又都承认他的权威。他充沛的精力和果断的性格使他那性情温和、平易近人的哥哥约瑟夫甘受他的支配。在拿破仑身上，狂怒来得快，消失得也快。

1779 年，夏尔·波拿巴利用他的亲法立场和同科西嘉总督的密切关系，把两个年长的儿子约瑟夫和拿破仑送往法国奥顿中学学习法语。同年春天，10 岁的拿破仑又被转到法国东部布里埃纳城一所公费的军事学校学习。布里埃纳军校并不是一个令人心旷神怡的地方。那里的纪律异常严厉，老同学总是虐待新学员。

这个来自科西嘉、穿着破旧的拿破仑顿时成为法国贵族子弟的嘲弄对象。他们嘲笑他的科西嘉口音和他那被海风吹得黝黑的皮肤，嘲笑他那贫穷的贵族出身。小小的拿破仑怒不可遏，同那些被他称做“高贵的小丑”的同学们打了几架，那些贵族子弟这才发现这个小个子的拿破仑也不是好惹的。

军校生活

在布里埃纳军校，拿破仑一共学习了 5 年。这种既无一天休息又与世隔绝的军校生活进一步培育了拿破仑原有的阴沉、忧郁和孤僻的性格。特别是家乡被法国人强占，使他油然产生了一种强烈的背井离乡、寄人篱下的感觉，他与人说话几乎总是没好气的样子。他既不让人接近，又不讨人喜欢，他孤独一人，没有一个知己，没有任何朋友。他唯一的慰藉是工作和学习。他经常避开同学们兴高采烈的游戏活动，躲进图书馆，如饥似渴地阅读和研究科西嘉的历史地理，他对弗里德里希大王、伏尔泰、卢梭关于科西嘉的书尤感兴趣。他暗暗下定决心，有朝一日他要与保利携手合作，解放科西嘉，尽全力整治这些法国人。

在军校，学生轮流应邀去同校长伯东神甫共同进膳。一天，轮到拿破仑享受这种恩典，同桌有些教授知道他崇拜保利，故意在言谈中露出对保利失敬之处。“保利，”拿破仑答道，“是个伟人，他爱国。我永远不能原谅我父亲，当过他的副官，竟会同意科西嘉并入法国，他应该与保利共命运，随同他倒下。”

拿破仑精密而敏锐的思考、果决的判断和灵活的指挥，在一次和同学们掷雪球的战斗中初露头角。那是1783年的冬天，大雪纷飞，铺山盖野，道路封闭，积雪深达8英尺（约2.4米），拿破仑为不能从事他一向喜欢的在平静地带散步而深感无聊。百无聊赖之际，他只好混在同学们中，在一间宽大的厅堂里来回散步。为摆脱这种单调乏味的踱方步，他想出了一个新花样。他指挥大家在大院子的雪地里扫出通道，建立角堡，挖掘壕沟，垒起胸墙，当工程完成后，他说：“我们可以分成两股，演习一种围攻，这种新游戏是我发明的，所以由我指挥进攻。”同学们高兴地接受了他的倡议。大家用雪球作武器，时而进攻，时而防御，战斗得异常激烈。这样的模拟战斗持续了15天之久，小拿破仑成了学校里的英雄人物，同学们也不像往常那样排斥他了。

1784年，拿破仑以优异的成绩毕业于军校。他和四位同学作为士官生被推荐进了巴黎军官学校。该校直属法国王室，拥有第一流的教员，拿破仑在这里如饥似渴地吸收各种知识，也就是在这里，拿破仑对炮兵学产生了浓厚的兴趣。拿破仑眼光敏锐，有意见总是侃侃而谈，公开发表。到巴黎军校后，他发现整个学校是那样的富丽堂皇，学生们过着极其奢华的生活，当即向校长呈交陈诉书。他指出这种教育制度是有害的，不可能达到每个贤明政府所期待的目标。他埋怨生活方式对于“清寒士绅”而言，过于奢华和娇生惯养，不利于他们日后回到质朴的家庭或适应军营的艰苦生活。他们仆从成群，前呼后拥，正餐两道菜，还有马匹和马夫，这一切都应该取消。他建议强制他们做些个人生活琐事，如洗衣服等，让他们吃为士兵配制的粗面包。他还说戒酒或有节制饮酒会使他们体格健壮，经得住四季寒暑，不怕战争疲劳。

这是拿破仑年方16时讲的道理，时间证明他自己从未背离过上述原则。拿破仑未能在军校久留，他的上司恼怒他那傲气、锋芒毕露的性格，将他的毕业考试时间提前。

照料家庭

1785 年 9 月，拿破仑顺利地通过了毕业考试，并被授予少尉军衔。按照拿破仑的要求，他被派往南方的瓦朗斯城的一个炮兵团服务，因为这里离科西嘉较近，便于他照料家庭。由于父亲患胃癌去世，本来就不宽裕的家境变得更加困难。哥哥约瑟夫既无能又懒惰，家庭的重担就落在拿破仑身上。这个少尉军官节衣缩食，把大部分薪金都寄给了母亲，自己只留下很少一部分，勉强维持生活。当他的同伴把很多的时间浪费在喝咖啡、游玩和谈情说爱上时，拿破仑却丝毫不允许自己寻欢作乐，他怀着罕见的求知欲，废寝忘食地博览群书。

1786 年 9 月，拿破仑请了很长时间的假，回到故乡阿雅克修去处理父亲去世时留下的一点地产和一些杂乱的事务。拿破仑有条理地完成了这一切，改善了家庭的经济状况。

思想的转变与斗争

1788 年 6 月，拿破仑回到法国，很快就随自己的团队开赴奥松城。在这里，他仍像以前那样躲避社交，不和女人接触，不寻欢作乐，不知疲倦地工作，公暇之余便手不释卷。科西嘉人民的苦难、家庭的贫困、贵族出身，这一切像一只无形的手推动着他去贪婪地阅读各类书籍，他渴望从书中找到自由和平等的真理，想用所学到的各种知识来武装自己，为科西嘉的解放而奋斗。他迷恋上了卢梭、孟德斯鸠、伏尔泰等启蒙学者的著作，对卢梭的《社会契约论》尤感兴趣。他还大量地阅读了有关古代波斯人、西塞亚人、色雷斯人、雅典人、斯巴达人、埃及人和迦太基人的历史、地理、宗教、社会风俗等方面的书籍，研读了亚历山大、汉尼拔和凯撒等历史上伟大统帅的传记以及炮兵技术、战术方面的书籍，并作了许多笔记。经过大量阅读、观察、分析和判断，拿破仑的视野逐渐跳出科西嘉的圈子而转向更广阔的世界，他开始认识到封建专制制度才是一切苦难的罪魁祸首，争取平等与自由的观念在他的思想中深深地扎下了根。他很快成了法国革命思想的狂热信徒，他相信革命后的法国一定会让科西嘉人民与他们共享平等和自由。他开始把故乡科西嘉的命运同法国革命联系在一起，逐渐抛弃了那种要把科西嘉从法国独立出来的一贯想法。

1789 年 7 月 14 日，法国终于爆发了革命，巴黎人民攻占了封建专制堡垒——巴士底狱，国王被迫让步，政权转移到资产阶级制宪会议手中。身为法国王家军官的拿破仑心中暗暗高兴，他自言自语道："科西嘉的时代到了！"他要利用法国革命来改变科西嘉的命运。

1789 年 8 月，拿破仑申请回故乡科西嘉休假。在这里，他与岛上的爱国志士为争取科西嘉的自由和解放而积极活动着。

1789 年 11 月 30 日，法国制宪会议根据科西嘉爱国者提出的陈情书宣布：科西嘉是法兰西帝国不可分割的一部分，科西嘉人民享有与法国所有居民同等权利。

1790 年 7 月 14 日，从英国流亡归来的保利在欢呼声中登上了科西嘉。随着法国的事态发展，科西嘉形成了两派力量：一派是依靠当地军队和行政机构的旧制度的维护者，一派则是法国人革命原则的坚决拥护者。拿破仑与心目中的英雄保利在政治上发生了严重分歧。保利主张把科西嘉从法国占领下完全解放出来，并把英国政体的模式移植到科西嘉来；拿破仑则支持法国制宪议会的决议，拥护法国的民主政体，并认为法国革命为科西嘉的发展创造了条件。拿破仑和保利之间酝酿着一场公开的冲突。

1791 年 2 月，拿破仑重返团队，并且带着自己的弟弟路易，以期稍稍减轻母亲的负担。两兄弟住在瓦朗斯，拿破仑用自己微薄的薪俸供弟弟上学，生活极其艰苦，有时他们只能吃上一块面包。同年夏天，他被调到瓦朗斯的另外一个团任中尉。这时，法国革命在各地不断取得胜利，拿破仑对革命的热情更加高涨。

1791年9月，拿破仑以国民自卫军阿雅克修营副营长的身份又回到了科西嘉。这次，他与保利彻底决裂了，因为保利已公开要使科西嘉脱离法国。岛上的两派发生了武装冲突，拿破仑命人开枪射击了支持保利的分离主义者。

1792年5月28日，拿破仑回到巴黎，向陆军部汇报了自己在科西嘉的活动。这时，奥地利皇帝和普鲁士国王因仇视法国革命，已向法国革命政府宣战。法国贵族和将军们纷纷倒戈通敌，前线军事指挥人员极其缺乏，可拿破仑却没有得到任命。这位年轻人为生活所迫，不得不穿着破旧的衣服在街头来回奔走，设想能经营些赚钱的投机买卖，但结果一事无成。由于贵族军官的逃亡，军队中缺额较多，7月16日，拿破仑被擢升为上尉。对奥战争的节节败北，引起了巴黎人民的普遍不满。6月20日，愤怒的群众闯进国王内宫，强迫国王戴上红色尖帽，并要他面朝庭院的窗口向人群低头认罪，这一幕正巧被路过的拿破仑看见，他被这个优柔寡断、怯懦怕死的国王形象激怒了，他鄙视地说道："真是一个懦夫！怎么能够放纵这群无赖！应该用大炮消灭几百人，其余的人就会四散逃命了。"8月10日，拿破仑又一次看见了巴黎人民进攻杜伊勒里宫的情形。作为一个军人，他为国王的无能感到遗憾。他在给哥哥约瑟夫的信中写道："如果路易十六跨上他那匹战马，胜利本来会属于他的。"君主制被推翻了，代表大工商业资产阶级的吉伦特派掌握了政权，实行了共和制。

1792年10月，拿破仑第三次回到科西嘉，担任科西嘉国民自卫军一个营的营长。这时，法国革命军已击退欧洲反动君主对法国革命的武装干涉，开始转入反攻。在南方，法军计划以科西嘉为基地，占领撒丁王国的马达莱纳群岛，作为打入撒丁的跳板。拿破仑奉命参加了这次战斗。

1793年2月18日，拿破仑的一支小部队占领了马达莱纳群岛附近的圣斯特法诺岛，打乱了撒丁的防御部署。正准备扩大战果时，拿破仑突然接到指挥官停止进攻和返回的命令。愤怒的拿破仑把大炮扔进大海，返回了科西嘉。这是拿破仑的第一次作战。拿破仑回到了阿雅克修，这里的情况非常混乱。保利最后决定使科西嘉脱离法国，向英国投靠。拿破仑的弟弟吕西安是个坚定的亲法派分子，他向土伦的法国当局告发了保利的通敌叛国。拿破仑和他的同乡、国民公会特派员萨利切蒂多次策划夺取阿雅克修并拘留保利，均未成功，因为当地多数居民支持保利。不久，保利派袭击了拿破仑支持者的住所，洗劫了波拿巴一家。拿破仑历尽千难万险，带着全家从科西嘉逃出。他们先逃到土伦，后又去了马赛，备尝亡命和贫困之苦。科西嘉很快从法国分离出去而归英国保护，拿破仑这才真正选定了法国作为祖国。

土伦初露锋芒

1793 年，法国局势正发生着巨大变化。这年春天，仇视法国革命的欧洲封建君主国借口法王路易十六被处死，组织了第一次反法联盟军，武装进攻法国。法军的失利、贵族的叛乱及吉伦特派的倒行逆施，引起了法国人民的强烈不满。6 月 2 日早晨，8 万名武装的巴黎平民再次向杜伊勒里宫进发，吉伦特派的统治垮台了，代表中、小资产阶级的雅各宾派建立了革命专政。

1793 年 7 月，盘踞在土伦和南方其他几个城市的王党分子为了推翻雅各宾派专政，恢复波旁王朝，居然引狼入室，允许反法联军英国和西班牙舰队驶入土伦港，并把拥有 30 余艘舰只的法国地中海舰队，拱手交给了英国人和西班牙人。此后，其他外国军队也都相继踏进这个地理位置十分重要的港口。到 9 月底，土伦的外国军队已经达到 14000 人，其中英国军队 3000 人，西班牙军队 5000 人，那不勒斯军队 4000 人，撒丁军队 2000 人。这一情况犹如晴天霹雳震惊了整个法国。

为了捍卫新生的革命政权，打退国内外反革命势力的猖狂进攻，革命政府颁发了全国总动员法令，动员人民起来扫除叛乱、抵御侵略。没多久，两支大军便开赴土伦前线，一场著名的围攻战开始了。围攻先由不中用的纨袴子弟卡尔托指挥。卡尔托过去是个画家，不谙军旅之事，战事屡屡不顺，炮兵指挥多马尔坦也在围攻战中受伤致残，收复土伦的前景十分黯淡。

就在这时，拿破仑出现了。他是奉调前往一个海防部队去的，途中正好路过革命军部队驻地，国民公会的特派员、拿破仑的老乡萨利切蒂立即推荐拿破仑接替多马尔坦的职务，担任土伦平叛部队的炮兵指挥官。这一任命很快就得到了巴黎军事当局的批准。

谁也没有料到，正是这样一个偶然的机遇，使拿破仑获得了一个初试锋芒的舞台。1793 年 9 月中旬，拿破仑到达土伦前线。卡尔托傲慢地接待了他。卡尔托身穿挂有金带的军服，大模大样地踱着方步，对拿破仑说："无须你来相助。不过，欢迎你来分享我的荣誉。"拿破仑一到这里就立即投入紧张的工作。他很快发现这里的炮兵形同虚设，既无足够的火炮，又无充足的弹药，只有几门破破烂烂的野炮和臼炮，由一名军曹一筹莫展地看管着。士兵们没有起码的素养，也没有经过认真训练，他们既不会使用火炮，也不懂得如何修理。更可笑的是，他的上司卡尔托竟缺乏炮兵方面的起码常识，对他那少得可怜的几门炮，连射程有多远都一无所知。面对如此状况，拿破仑首先想方设法搜集各种火炮。

没多久，拿破仑便弄到了近百门大口径火炮及大量的弹药。接着，他派专人到里昂和格勒诺布尔等地收集一切有用的军械器材，并在奥利乌尔建立了一个有 80 名工人的军械工厂。为了解决炮兵的机动和工事构筑问题，拿破仑征用了从尼斯到瓦朗斯和蒙彼利埃一带的马匹，还在马赛安排生产了几万个供修筑炮垒用的柳条筐。与此同时，拿破仑还仔细地观察了战地，熟悉了每个局部的地貌。最后，他提出了攻陷土伦的作战计划。他认为应该首先集中主要兵力，攻占港湾西岸的马尔格雷夫堡，夺取克尔海角，然后集中大量火炮，猛烈轰击停泊在大、小停泊场内的英国舰队，切断英国舰队与土伦守敌之间的联系，迫使英舰撤出港口。这样，守敌一无退路，二无援兵，三无火力支援，法军只需很少兵力，便可迅速攻占土伦。拿破仑这一大胆而新颖的作战计划，显示了他敏锐的洞察力和丰富的想象力。然而，由于年青和不知名，他的方案迟迟得不到批准。此后，法军又进行过几次围攻，均未获成功。法国国民公会鉴于卡尔托的无能，派出老将杜戈米埃接替了他。

杜戈米埃是一个已有 40 年军龄的老军人，他顽强、勇敢，为人正直，

具有正确的军事眼光，他为拿破仑如此大胆而新颖的作战方案惊叹不已，并很快批准了这一方案。这时英军似乎也认识到马尔格雷夫堡和克尔海角的重要性，竟派出4000人登岸驻守，征用了土伦一切人力来加强防御。英军扬言要把马尔格雷夫堡变成“小直布罗陀”。于是，一个月前还是可以轻易攻取的阵地，如今必须重兵进攻。拿破仑立即着手在小停泊场的北面构筑一个炮兵阵地，准备集中火力攻打马尔格雷夫堡。为了攻敌不备，拿破仑带领士兵用橄榄树枝对阵地进行了巧妙的伪装。因此，敌人对这项工程毫无察觉。围攻土伦的日子终于临近了。

11月下旬，前线司令部最后批准了进攻作战计划。

12月上旬，革命军的最后一批援军到达，使围攻土伦的兵力达38000人，超过了守敌一倍以上，12月中旬，突击部队和炮兵都按预定计划进入集中地域，并占领了预先构筑好的堡垒，完成了最后的进攻准备。12月14日，对土伦的总攻正式开始。法军使用45门大口径火炮，集中地向“小直布罗陀”猛烈轰击。一排排的炮弹掠空而过，飞向联军阵地。“小直布罗陀”顷刻之间变成火海。在法军猛烈炮火的打击下，联军精心构筑的防御工事很快被摧毁。许多火炮还没有发射一颗炮弹就被击毁在阵地上。一些地段上的敌人，被迫放弃前沿工事，退守后面阵地。法军用猛烈的炮火整整轰击了两天两夜，直到16日晚，才真正发起冲击。这天晚上，电闪雷鸣，海风呼啸，大雨滂沱，黑暗和恐怖笼罩着整个战场。午夜1点钟，在杜戈米埃将军的指挥下，法军6000人，从南北两翼开始攻击，直扑“小直布罗陀”。尽管“小直布罗陀”受到法军48个小时的炮击，但在法军进攻时，敌人仍在顽强抵抗。整连整连的法军在黑暗和混乱中迷失了方向。敌人猛烈的炮火使得大批法国士兵倒在血泊里。在几次进攻都被击退之后，法军许多官兵开始有些惊慌失措了，甚至产生了绝望的情绪。就在这关键时刻，拿破仑率领预备队冲了上来。拿破仑身先士卒，冲锋陷阵，他的战马被炮弹击毙，他的小腿被击伤，他仍然坚守岗位，指挥战斗。拿破仑命令炮兵大尉米尔隆率领一个营从一条曲折的小路盘旋上山，出敌不意地从棱堡的后门攻入“小直布罗陀”堡。凌晨3时许，这个营突入“小直布罗陀”炮台，给后续部队打开了一个缺口，许多英国和西班牙炮兵还没明白过来是怎么回事，便被法军杀死在大炮上。法军占领了“小直布罗陀”堡后，立即调转炮口向敌人猛轰。敌人在拂晓前投入预备队反攻，企图夺回“小直布罗陀”，未获成功。

战斗一直持续到天亮，敌人感到大势已去，放弃了毫无意义的抵抗。17日上午10时，法军在调整部署以后，再次向敌人发起进攻，又经过几个小时的激烈战斗，终于将敌人全部逐出了克尔海角。三色旗在“小直布罗陀”和克尔海角上空高高飘扬。18日，法军收复了土伦城。这一捷报立即传遍了整个法国，许多人不肯相信土伦这个曾被看作是无法攻克的堡垒竟会陷在一个初出茅庐、默默无闻的拿破仑之手。这意外的胜利格外激动人心，拿破仑也因这次战役由一个普通军官一跃为众人瞩目的风云人物，根据杜戈米埃将军的提议，拿破仑于1793年12月22日被破格提升为炮兵准将。当时，他年仅24岁，1794年2月6日，国民公会任命拿破仑为意大利军团的炮兵指挥。

时来运转的“7月13日”

正当拿破仑凭着雅各宾革命政府对他的赏识及自己卓越的军事才能去施展更宏大的抱负时，一个意想不到的、突然爆发的政治危机使一切发生了彻底变化。

1794年7月27日即法国“共和历”热月9日这一天，雅各宾派的反对派突然发动政变，逮捕了罗伯斯庇尔及其弟奥古斯丁等一些雅各宾领袖。第二天未经审判，便将这些雅各宾领袖处死。维护大资产阶级的热月党人掌握了政权。接着，热月党人在全国追捕雅各宾政府的亲信，拿破仑也因此被捕。拿破仑在被监禁了14天以后获得释放，因为在他的档案中没有发现任何监禁他的理由。拿破仑虽未被送上断头台，但他顺利的前程却因此中断了。拿破仑出狱后，当权者仍以不信任的眼光看着他，他的抱负得不到施展，心情非常压抑。

1795年5月2日，拿破仑来到巴黎，希望获得新的任命。救国委员会命他去旺代镇压叛乱，但不是作为炮兵指挥，而是担任步兵指挥。拿破仑愤怒地拒绝了。在他看来，那里不足以施展他的才能。此外，他的专长是炮兵，把他从炮兵调到步兵是对他的侮辱。他同救国委员会里负责军事的人大吵了一场。救国委员会鉴于他拒不接受对他的任命，下令从现役将官名册上勾销他的名字。这次意想不到的打击深深地挫伤了拿破仑的情绪。他寄居在迈勒路上距胜利广场不远的一所房屋里，又开始了以前那种贫困的生活。他痛苦地耐心等待当权者消除对他的种种偏见；他期望在局势不断变化中权力终将落入对他抱有好感的那些人手中。

这一时期的拿破仑整天无所事事，穷困潦倒，过着抑郁寡欢的生活。朱诺夫人对此有过生动的描绘："拿破仑非常消瘦，不修边幅，头发蓬松，不抹粉，一副惹人生厌的外表。我还看到他走进特朗基利泰旅馆的庭院，那时他拖着歪斜、摇晃的步伐，戴着一顶破旧的圆形帽子，帽子几乎遮住了他的双眼，大衣的翻领盖住了他警觉的双耳。一双瘦长、黑色的手，不戴手套，因为他说过这是多余的支出。他穿的长靴，样子不好也不上油。整个容貌因为身体奇瘦和脸色发黄而显出病态。"时光流逝而一事无成，这种不公正使他心事重重，一心想有所作为的愿望在苦苦地折磨着他。他再也不能在芸芸众生中混下去了，他决意离开法国，前往君士坦丁堡为土耳其大君效劳。他起草了一道呈文，请求将他和另外几名不同兵种的军官在法国政府赞助下派往土耳其。他认为几人合在一起具备完整的军事技艺知识，足以把大君的军队编练得适应当时的局势，因为在当时看来，土耳其政府极有可能同法国结盟。这次呈请未得批复，拿破仑照样无所事事。拿破仑心情沉闷地在巴黎度过了1794年这个艰难的冬天，度过了1795年更加艰难的饥饿的春天，看来所有的人都把他忘了。

命运多舛，生活潦倒，拿破仑出现了自杀的念头。但是，他终究闯过了这一关，没有成为命运之神的俘虏，他继续钻研政治问题和战略问题，为有朝一日能大展宏图而作准备。果然没多久，法国错综复杂的政治斗争又一次把拿破仑推上了巴黎政治舞台，让他扮演了一个极为重要的角色。

热月党人战胜了雅各宾之后，解散了巴黎公社和各地革命委员会，封闭了人民团体和俱乐部，废除了包括限价法在内的商业方面的种种限制，新兴资产阶级投机倒把、盗窃公款和发财致富的活动空前地猖獗起来。酒宴、狂欢舞会、淫荡生活及骇人听闻的伤风败俗行为风行一时。平民群众的饥饿、贫困同资产阶级暴发户的穷奢极欲、寻欢作乐形成了鲜明对比，巴黎的平民再也不能忍耐下去，饥饿的群众向国民公会大厦进发，打破了国民公会的大门。国民公会派军队对饥饿的群众进行了血腥镇压，把许多人送上了断头台。

这时，保王党人认为波旁王朝复辟的机会来了。他们在南部的马赛、里昂等地区发动叛乱，在他们控制的地区实行白色恐怖。同时，集结在伦敦、科布伦茨、汉堡、罗马等地的王党亡命者再度活跃起来，拥立路易十六的弟弟普罗旺斯伯爵为路易十八。他们组织了亡命者队伍，在布列塔尼省的西北端基贝伦半岛登陆。热月党国民公会派奥什将军前去镇压，击溃了这支叛乱队伍，并将被俘的750名叛乱者全部处死。

热月党人消除了来自左的和右的方面的威胁之后，为了稳定资产阶级的统治，于1795年8月17日通过了一部宪法。宪法规定了分权原则，将国家权力分为立法权和行政权。立法权赋予两院，即元老院和五百人院。行政权则赋予由五位督政官组成的督政府。国民公会在实行这部宪法之后即行解散。热月党现任议员为了保持自己权力，又在这部宪法后补充了一项重要条款：五百人院和元老院中三分之二的成员必须从现任的国民公会成员中选出。这项补充条款立即引起了广泛的不满。保王党分子趁机又活跃起来，9月下旬，法国中部地区开始出现了动乱。在巴黎，王党分子占优势的中心区勒巴勒蒂埃区组织了一个中央委员会。

在它的煽动下，叛乱犹如瘟疫迅速地在各区蔓延开来。他们决定在7月13日举行暴动。负责巴黎警卫的梅努将军因不满新选举法而实际上站在王党分子一边。7月12日，梅努将军同叛乱区司令谈判，同意让军队撤回军营，结果大部分地区落入暴动者之手。暴乱分子在巴黎已达到约4万人，而忠于国民公会的兵力却只有5000人左右，陆军部队当时远离巴黎。再加上热月党人的倒行逆施使得国民公会失去了群众的支持，热月党人的统治岌岌可危。这天夜里，热月党的国民公会决定革除梅努将军的职务并将其逮

捕，任命热月党的著名人物巴拉斯为巴黎武装部队司令。

巴拉斯1789年为第三等级代表，1792年为国民公会议员，1793年参与围攻土伦，是热月政变的一个策划者，政变后是救国委员会委员，他为人无比自信，善于辞令，擅长玩弄权术，既能在派系斗争中明哲保身，又善于见风使舵。他虽然在陆上和海上经历过一段战争生活，但不是职业军人。

现在，战斗将在几个钟头后展开，他必须有一个英明果断的将军做他的助手。巴拉斯想起了拿破仑——一个穿着破灰大衣、曾几次找他帮忙的瘦削的年轻人。他太了解拿破仑了，他知道拿破仑是个退职将军，曾在土伦显示了突出的才能，后来发生了一些不快的事，现在穷困潦倒，薪俸微薄。巴拉斯命人将拿破仑找来，问他能否把叛乱镇压下去，拿破仑考虑了几分钟，给了肯定的答复。但他附加了一个条件：谁也不能干涉他的指挥。他说："等大功告成以后，我才会放刀入鞘。"就这样，拿破仑如同一只久缚的雄鹰又准备展翅高飞了。这时，巴黎的情形十分危急。巴黎的大部分地区失去控制，陷于叛乱队伍的包围之中。叛乱方面的武装队伍在人数上远远超过国民公会的武装力量。拿破仑受命于危难之际，他以异乎寻常的精力迅速地重新部署了国民公会的防卫。

拿破仑作为一个出色的炮兵，他首先想到的是如何使用大炮。他设想了一个用炮火猛攻叛乱队伍的计划。当时，在杜伊勒里宫附近没有炮兵，也没有弹药，而在巴黎西北的萨布隆营房却闲置着40门大炮。拿破仑立即指派骑兵队长缪拉带着200名士兵，把大炮拖运到杜伊勒里宫周围。装备良好的叛军在一部分国民自卫军的支持下，已经控制了巴黎的主要街道。他们以为就此占领国民公会并不困难，于是，在兴高采烈的凯旋音乐伴奏下，举着旗帜，向杜伊勒里宫进军。拿破仑用炮火迎接了他们。叛军完全没有料到拿破仑会使用大炮，他们被炮火轰得措手不及，在留下200具尸体后，拖着伤员仓皇逃窜了。

这时，另有一股5000人的叛军又向杜伊勒里宫冲来，拿破仑毫不留情地进行猛烈轰击，这股叛军很快就溃散了。战斗只持续了一个多小时便结束了。第二天早上，叛军总部宣布投降。叛乱被迫息了，热月党的国民公会得救了。巴拉斯和其他领导人非常钦佩拿破仑的勇敢果断的脾气。正是由于这种脾气，拿破仑才采用了前所未有的在城市中使用大炮轰击暴乱分子的手段。在拿破仑看来，既然要打仗，那就不管付出多大代价，即使血流成河，也要争取到胜利。此后的拿破仑一直是毫无例外地遵循着这个原则。他不喜欢白白浪费炮弹，但在能带来好处的地方，他是从来不吝啬的。

他在这次平叛战斗中就没有吝啬，叛军被他打得血肉横飞。在战斗中毫不留情，这也是拿破仑的一大特点。他曾自我解剖道："我是两个不同的人：有头脑的人和有良心的人。不要以为我没有像别人那样的多情善感的心。我是相当善良的人。但是，我从很早的少年时代起，就尽力使这条心弦静止下来，以至现在它不发生一点声响。"事实也证明，在对付胆敢进行抵抗的敌人的时候，拿破仑的这条心弦是从来也没有发出过声音的。这位曾经是不修边幅、一头乱发、衣着破旧、处处显出极度贫困、不为人知晓的年轻人，在经历过这决定性的一天后，命运发生了急剧性的变化。国民公会认为是拿破仑的非凡努力拯救了共和国，因此对他十分重视。很快，拿破仑就被任命为巴黎卫戍司令，他成了势力强大的共和国督政官巴拉斯的密友及作战部队独立指挥官的候选人。他的社会地位在迅速上升，锦绣前程在他面前展开。他搬进了旺多姆广场旁的高级旅馆，他的个人生活也变得绚丽多彩了。在此之前，拿破仑的爱情一直很不顺利，有哪位姑娘愿意将自己的终生托付给一个身材矮小、面黄饥瘦、性格阴沉且当时并没有显出有多大前程的年轻军官呢？拿破仑先遭到克拉里·德济雷的拒绝，继而又遭到佩尔蒙夫人的女儿的冷遇。拿破仑经常对人说："约瑟夫那家伙真走运。"因为他哥哥约瑟夫同一个富裕而有身份的马赛商人的女儿克勒里小姐结婚了，他非常羡慕他哥哥的鸿运。

如今，拿破仑已是巴黎上层社会的显赫人物，受到豪富和显贵沙龙的热情欢迎，他的爱情之火重又燃烧起来。他在巴拉斯的沙龙里认识了名叫约瑟芬·德·博阿尔内的寡妇。约瑟芬的美貌和高雅的服饰深深打动了拿破仑的心，他开始追求这个比自己大 6 岁的寡妇。约瑟芬于 1763 年出生于西印度的马提尼克岛，她原籍则在法国中部的提梅雷·夏托纳夫。她父亲是王室龙骑兵的一位队长，在马提尼克岛拥有领地。

1779 年，约瑟芬同马提尼克总督的儿子博阿尔内子爵结婚，婚后生有一子一女。法国革命爆发后，博阿尔内返回法国。他由于具有能使法国人为之倾倒的那种滔滔不绝、庄严郑重的雄辩天才，从革命一开始便出头露面，赢得了众议员职务，后又被任命为指挥莱茵军团的将军。1794 年，因被控“叛国罪”而被送上断头台。约瑟芬因受丈夫的牵连受到监禁，后因热月党人塔里昂的干预而被释放。获释后的约瑟芬经常出入于巴黎上层人物的沙龙，成为巴黎沙龙中引人注目的女性。她是巴拉斯家的常客，很讨这位督政官的欢心。就是在这里，她毫无抵抗地接受了拿破仑的追求。

1796 年 3 月 9 日，他们举行了没有宗教仪式的婚礼，巴拉斯和塔里昂是证婚人。在结婚登记簿上，拿破仑为了缩小两人的年龄差距，他把约瑟芬的年龄少写了 4 岁，而自己则多写了 1 岁。拿破仑沉浸在爱情的甜蜜之中。7 月 13 日的战绩给拿破仑带来的回报是慷慨的：令人羡慕的巴黎卫戍司令的职位、使拿破仑初尝爱情幸福的约瑟芬。然而，拿破仑的性格使他并不满足于巴黎的豪华生活，他不习惯于在巴拉斯等督政官手下做个驯服的助手，他的心中炽烈地燃烧着施展军事才能的欲望——追求成为伟大统帅的欲望，这个欲望驱使着他去干一番轰轰烈烈的事业。

机会终于来了，1796 年 3 月 2 日，拿破仑被任命为法国意大利军司令官。3 月 11 日，即新婚后两天，拿破仑就与妻子告别，踏上了新的征途，开始了他那惊天动地的人生历程。

征意逞威

为了彻底打败欧洲的第一次反法联盟，完全解除外来的军事威胁，法国督政府决定在 1796 年展开积极的军事行动，主要进攻目标对准实力雄厚的奥地利军队。为此，法军统帅部提出了一个钳形突击的作战方案，计划派出两路大军，分别由儒尔当将军和莫罗将军统率，在莱茵河一线展开，同时向东推进，矛头指向奥国首都维也纳。正当法国革命军队积极准备北线作战的时候，作为巴黎卫戍司令的拿破仑提出了南线作战计划，即首先歼灭奥地利和撒丁王国的联盟军队，夺取富庶的皮埃蒙特和伦巴第地区，然后再把奥军逐出整个意大利，将战场推向提罗尔和奥国本土。这样，既可解除法国东南部所受的威胁，又可避开奥地利的主力军团，从南面迂回奥国的首都维也纳。鉴于拿破仑的军事威望及其建议的实际价值，督政府同意了拿破仑的作战方案，并任命他接替原意大利军团总司令舍雷尔将军的职务。拿破仑立功心切，很快就走马上任了。从此以后，拿破仑独自统兵作战，驰骋疆场，连续20年当中亲自导演了大大小小50多次战役，创造了人类战争史上一次又一次奇迹。

皮埃蒙特之战

拿破仑上任后的第一件事就是组织一个精明强干的司令部智囊团。他选定贝尔蒂埃当他的参谋长。

贝尔蒂埃42岁，早年是一位绘图员，曾以参谋身份参加过美国独立战争。他在前一年是克勒曼将军的参谋长，对于滨海阿尔卑斯山区了如指掌。贝尔蒂埃非常勤劳、仔细，他能陪从主将作任何的搜索和观察而不耽误日常公务的处理。他虽然缺乏果断，不适合于指挥工作，但他却具有一个优秀参谋长的一切素质。他善于读地图，了解一切搜索方法，能准确无误地颁发命令，他对最复杂的部队调度极为内行。对于能自作决定的拿破仑来说，他无疑是一位最理想的参谋长。拿破仑的指挥能力与贝尔蒂埃的勤劳、仔细相配合，使他们成为战场上一对最佳搭档。除了贝尔蒂埃以外，拿破仑又选了2名副官，他们是在土伦战役中选拔出来的青年炮兵军官马尔蒙上尉和朱诺上尉。另外，他还将在7月13日帮助他平定叛乱的骑兵队长缪拉中校和他的幼弟路易也带在身边。

1976年3月27日，拿破仑一行到达意大利军团驻地尼斯，在这里建立了司令部。3天后，拿破仑检阅了自己的部队，他很快就明白了为什么法兰西共和国最有势力的将军都不要求担任这个职务。这是一支半饥饿的、衣衫褴褛的军队，炮兵、骑兵严重不足。士兵们简直像一群土匪，巴黎供给这支军队的微乎其微的物资，很快就被士兵们肆无忌惮地偷盗一空。43000人没有军饷，没有军粮，没有饲料，没有鞋袜，没有衣服，没有营帐，没有扎营家具，没有运输工具，物质生活极为困乏。就在拿破仑到来的头天晚上，一个营就因没有靴子穿而拒绝执行向另一个地区转移的命令。饥饿的军队到处抢劫和偷盗，反抗和开小差不时发生，士气十分低落。拿破仑立即着手整顿军纪。

然而，年仅27岁的拿破仑要想控制这支军队并非易事。这里的下属军官只服从年长的或功绩更大的长官，对这个身材矮小、不修边幅、说话还带有难听的科西嘉口音、并非十分有名的年轻司令，根本不放在眼里。他们经常与拿破仑发生争吵。拿破仑在一次激烈的争吵中，曾仰头看着个子很高的奥热罗将军说："将军，你的个子正好高出我一头，但假如你对我无礼的话，我就会马上消除这个差别。"拿破仑不能容忍在他的军队中有任何反对他的思想，谁胆敢和他作对，不论其职位高低，脑袋必须搬家，这是他一直遵守的原则。当然，拿破仑也清醒地认识到，要真正严肃军纪，制止偷盗行为，单靠枪毙一些人是无济于事的，必须使自己的军队有衣服有鞋子穿。而要得到这些东西，必须鼓励士兵用武力向敌人索取，而不是等待政府的供应。于是，他迅速宣布了一个突破意大利通道、变敌方最富饶地区为战场的大胆计划。在出征前，他发表了极富煽动性的动员演说。他说："士兵们，你们缺吃少穿，共和国亏欠你们很多，但是国家还没有力量还债。我是来带领你们打进天下最富庶的平原去的。丰饶的省区、富裕的城镇，全都任凭你们处置。士兵们，你们面临这样的前景，能不鼓起勇气坚持下去吗?"这是他第一次对自己的部下讲话。士气日益低沉的士兵们听了这位年轻无畏的带头人的一番演说后，无不满怀希望和信心。

1796年4月5日，拿破仑开始了对皮埃蒙特的征服。为了更快捷地到达目的地，他一反常规，率领部队从阿尔卑斯山沿海山脉有名的"天险"处翻越阿尔卑斯山。尽管沿岸巡逻的英国舰队对他们不断地进行炮火轰击，但拿破仑毫无畏惧，显现出惊人的勇敢和镇定。

同年4月9日，部队平安地越过了天险。拿破仑面对的敌军是强大的。

当时驻守在皮埃蒙特境内的军队有两支，一支是由博利厄率领的奥地利军，一支是由科利率领的撒丁军，共计8万人，并且配备强大的骑兵和压倒优势的炮兵。而拿破仑的军队只有4万多人，且炮兵、骑兵均不足。面对敌我力量的巨大差距，拿破仑并未感到沮丧。他非常自信地认为：迅速调集兵力可以弥补人数不足的缺陷；灵活性可以弥补炮兵不足的缺陷；选择适当的阵地可以弥补骑兵不足的缺陷。拿破仑凭着对这个地区地形的熟悉，迅速作出了判断：在蒙特诺特附近的一片楔形山区，是奥撒联军阵地易受攻击的弱点所在。于是，拿破仑决定集中兵力首先从这里打击敌军，把奥军和撒军双方切断，从而使自己一开始就获得主动地位。他把兵力分为三部分：前卫19000人，由马塞纳指挥，据守蒙特诺特和代戈以挡住奥军；主力12000人，由奥热罗指挥，从西面向切瓦发动进攻；左侧卫10000人，由塞律里埃指挥，从南面向切瓦进攻。这样部署的目的就是先击败切瓦及其附近的撒丁军队，再来对付奥地利人。就在大战即将开始之时，一个突发事件打乱了拿破仑的部署。

原来，法国政府由于财源短缺，曾在3月间派人前往热那亚借贷，但遭到了热那亚人的拒绝。督政府决定给热那亚人施加压力，迫使其同意贷款。于是，督政府命令防守萨沃纳的军队向距离热那亚只有10千米的沃尔特里推进。这一行动震惊了奥军，他们误认为法国人要进军热那亚，因而急忙敦促博利厄元帅迅速南下，增援热那亚。对于这个意外事件，拿破仑开始十分恼火，因为这样一来，不仅打乱了他的全部计划，而且破坏了热那亚的中立国地位，使法国远征军丧失了一个重要的补给港口。然而，拿破仑很快发现，对热那亚的威胁可以吸引大量奥军，从而分散了敌人的兵力和注意力，这倒有利于他的作战计划的实施。拿破仑看准了这一时机，于4月6日命令防守萨沃纳军队的余部继续向沃尔特里增援，以迷惑奥撒联军总司令博利厄。博利厄果然中了拿破仑的圈套。博利厄错误地认为法军主攻方向是热那亚。他把大本营移到诺维，把军队分成三部分：右翼由撒丁军队组成，由科利指挥，司令部设在切瓦，其任务是扼守斯图拉河和塔纳罗河一线，保障奥军的侧翼安全；中路由阿尔热托指挥，司令部设在萨塞洛，其任务是占领蒙特诺特，在法军向热那亚推进时猛攻法军左翼，截断萨沃

纳的沿海道路以绝法军后路；博利厄则亲自率领左路军攻打沃尔特里，以掩护热那亚。

4 月 10 日，博利厄率领的左路军抵达沃尔特里，向驻扎在那里的法军发起猛攻。奥军这一行动使得奥军左翼远远地离开了中路部队。这时科利率领的撒丁军团仍在很远的西面，奥军中路部队陷入了左右无援的孤立境地。拿破仑很快发现这是个不可多得的有利战机，他果断地决定，放弃先打败撒丁人的计划，集中兵力，首先击败态势孤立的中路奥军。这时，中路奥军在阿尔热托的指挥下占领了蒙特诺特。

4 月 11 日，拿破仑亲自赶到尼吉诺山南面的桑托里奥，向马塞纳、拉哈普和奥热罗三位师长面授机宜。当天晚上，三个师长率领各路法军一起悄悄地向蒙特诺特进发。

12 日清晨，晓雾还没有被阳光驱散，近万名法军突然出现在奥军的背后和侧翼，奥军被这突如其来的打击吓懵了，他们来不及做认真的抵抗，便在法军枪炮轰击下溃散了。阿尔热托在绝望中命令部队杀开一条血路后撤。战斗仅仅进行了几个小时，奥军就损失了 3000 余人，其中 2000 人成为法军的俘虏。远在西面的撒丁军团得知阿尔热托被围，急欲助他一臂之力，无奈两军距离甚远，再加山路崎岖，增援不便，只好听任盟军被歼。博利厄则对这场战斗毫无所知。两天后，阿尔热托溃败的消息传到沃尔特里，博利厄这才发现自己上了拿破仑的圈套，但为时已经太晚了。拿破仑凭着敏锐的洞察力、迅速的决断和敏捷的行动，取得了出征后的第一个战役的胜利。奥军在蒙特诺特失利以后，开始退守米里希摩和代戈，企图在那里固守阵地，等待博利厄元帅和科利将军的部队从两翼向中路靠拢，阻止法军向都灵方向和米兰方向发展进攻。拿破仑洞察敌人的意图后立即决定：不给敌人以喘息时间，趁两翼敌人来不及向中路增援之际，兵分两路，以最快速度攻占米里希摩和代戈。他命令奥热罗率领一师进攻米里希摩，马塞纳和拉哈普各率一师攻占代戈，他自己随奥热罗师行进。

4 月 13 日拂晓，奥热罗率 9000 人向米里希摩发起进攻。战斗进行得十分顺利，没多久便将敌人逐出了米里希摩峡谷。接着，在科萨里亚高地附近，又包围了奥军旗罗维拉旅近 2000 人。普罗维拉在绝望中多次率军突围，均被击退。最后，他被迫龟缩在科萨里亚的一座古堡里坚守不出，等待右翼的科利将军为他解围。

4 月 14 日，拿破仑亲临战地，指挥法军同前来增援的科利部队交战。科利部队大败而逃。陷入绝境的普罗维拉的最后一点希望破灭了，这时古堡中的粮食和饮水也消耗殆尽。在法军炮火的猛烈轰击下，普罗维拉被迫出堡缴械投降。代戈位于米里希摩东北，法军一旦攻占代戈，就意味着切断了奥、撒主力之间的最后联系。

4 月 14 日下午 2 时，马塞纳师和拉哈普师共 2 万人，从敌人的正面和后方同时发起进攻。在法军强大的攻势下，奥军支持不住，被迫放弃阵地，狼狈溃逃。法军乘胜追击，一举攻占了代戈村。占领了代戈后，拿破仑决定挥师切瓦，进攻撒军，在代戈只留下了少量法军。4 月 15 日凌晨 3 时，在代戈的东面突然出现了一个奥军师，他们趁法军不备，发起猛攻。黑暗中，法军还以为是碰上了奥军主力，惊慌失措，混乱不堪，没多久，便被赶出了代戈村。

原来，这支奥军是从沃尔特里开来增援代戈守军的，由于夜间行军，在山区迷了路，没有赶上 14 日下午的那场战斗。当他们发现据守代戈的法军很少时，便斗胆发起进攻。代戈失守的消息传到拿破仑那里，拿破仑立即率领前往切瓦的军队连夜赶回代戈。在拿破仑的指挥下，法军对孤立无援而又立足未稳的奥军发起猛攻。奥军凭借代戈高地的坚固工事拼命抵抗。这时，拿破仑的助手拉纽斯表现得异常勇敢，他亲自率领两个营的轻装步兵，沿代戈高地左侧斜坡爬上去。无奈敌军炮火猛烈，他的两次行动均未成功。拉纽斯被激怒了，在第三次进攻中，他用剑尖挑着帽子，冒着炮火冲在最前面。士兵们被他这种大无畏的英雄气概所激励，他们个个奋勇前进，终于收复了代戈高地。战斗结束后，拉纽斯被拿破仑破格提升为旅长。奥军与撒丁军队的联系被彻底切断了，拿破仑的作战锋芒转向切瓦的撒丁军队。切瓦位于塔纳罗河上游，是从南部山区通往皮埃蒙特平原的重要门户。切瓦共有撒军 15000 人。

4 月 16 日，拿破仑下令对切瓦的撒军发起进攻，奥热罗正面攻击，塞律里埃和马塞纳左右迂回，以期包围撒军。科利将军觉察了法军的企图，为了避免被包围，于17日晚放弃了切瓦。撒军在夜色的掩护下，退往科萨利亚河岸，占领了坚固阵地。法军占领切瓦后，立即尾随撒军西进，对扼守坚固阵地的撒军发起强攻。由于地形生疏，进攻准备过于仓促，再加上塔纳罗河泛滥，奥热罗和马塞纳都没有能按时出现在敌人的侧后，法军从正面进行的多次冲击均被敌人打退。一连几天，法军伤亡严重，在敌人阵地前丢下了大量尸体。这时，拿破仑接到情报说，驻守在阿奎及其以北的奥军正在向切瓦方向移动。拿破仑顿感大事不妙，急忙召开军事会议。会上一致认为：不管士兵如何疲劳，法军必须毫不迟疑地再次向撒军发起进攻。否则，法军将会面临两线作战的危险。

4月22日，法军准备就绪，刚要对撒军发起进攻，突然出现了一个意外情况：只见撒军列好队伍，自动撤出了阵地，并匆匆地向芒多维退却了。原来，科利打算避开法军打击的锋芒，将撒军转移到芒多维东面一个更有利的阵地上。可他万万没想到，这一行动不仅让拿破仑轻而易举地占领了几天来使法军付出巨大代价的坚固阵地，而且使撒军在退却中遭到法军优势兵力的包围。在法军强有力的打击下，撒军无暇巩固阵地，只好撤出芒多维，向都灵方向仓皇撤退。科利事后为自己这一愚蠢行动追悔万分。拿破仑令骑兵对溃退的撒丁军乘胜追击。撒军丧失了全部大炮和辎重以及最精锐的部队，奄奄一息的撒军再也无力抵御法军的进攻，撒丁国王被迫宣布退出战争，派代表到都灵南面的凯拉斯科城，同拿破仑进行单独媾和的谈判。

4月28日，谈判正式开始。拿破仑以胜利者的身份向撒丁王国提出了非常苛刻的条件：撒丁必须退出反法联盟，并派全权代表去巴黎缔结和约；撒军必须交出科尼、切瓦和托尔托纳三个要塞；在托尔托纳移交法军之前，暂时交出亚历山大里亚；法军将控制目前所占领的一切地方；法军可以在皮埃蒙特境内自由通行，并有权在瓦伦察渡过波河；地方警察必须解除；正规军要分驻各地作为警备队，无论如何不得引起法军不安。这些条件遭到撒丁代表的严辞拒绝，会场气氛十分紧张，谈判一度陷入僵局。最后，拿破仑充分发挥他的外交才能，利用法军的胜利不断地对撒丁代表进行威胁，施加压力，终于迫使他们接受了全部条件。当天中午，双方正式签署了停战协议。这样，皮埃蒙特，这个通往意大利北部的大门，在不到一个月的短短时间里，就被拿破仑打开了。撒丁国王，法国国王路易十六两兄弟的岳父，感到女婿的事业和自己的威严同样扫地荡尽，在签署凯拉斯科停战协议后数日，便抑郁而死。

4 月 26 日，拿破仑在凯拉斯科又一次向士兵们发表了鼓舞人心的演说。他说道："士兵们，你们在 15 天内取得了 6 次胜利，缴获了 21 面军旗和 55 门大炮，攻克了许多坚强的阵地，占领了皮埃蒙特最富饶的地区，俘虏了 15000 名敌军，杀伤敌人 1 万多名。……你们什么都缺少，却补充了一切。你们没有大炮，而打了胜仗，没有桥梁而渡了河，没有鞋而急行军，没有酒和经常没有面包而露营……士兵们，祖国期望你们去取得重大成就，你们不会辜负祖国的期望吧？你们还有许多仗要去打赢，许多阵地要去夺取，许多河要去渡过。你们当中是否有人勇气低落了呢？没有！我们所有的人都要确立光荣的和平……我们所有的人都希望，在回到自己村子的时候，能说上一句：我曾经在战无不胜的意大利军团作过战。"士兵们的尊严和荣誉感被激发起来了。这支曾经是衣衫褴褛、半饥饿的、士气低落和纪律涣散的军队，在拿破仑的带领下，已成为一支所向无敌的优秀军队了。现在军中再也无人怀疑拿破仑的权威和指挥能力，将领们最初对拿破仑的妒嫉和不信任也一扫而空，拿破仑获得了部下诚恳的信仰与合作。

洛迪战役

法军在皮埃蒙特的胜利，使得北意大利战场的战略形势发生了根本性变化，奥地利人在意大利陷入了孤立境地。拿破仑决定，充分利用协议给他提供的一切有利条件，把战争推向奥地利在北意大利的属地——伦巴第。

4 月底，博利厄亲自率领一队骑兵突袭了亚历山大里亚、托尔托纳和瓦伦察三个要塞，但遭到失败。博利厄慌忙率领主力退守波河北岸，企图凭借波河挡住法军直趋伦巴第首府。拿破仑为了渡过波河，采取了一系列巧妙的欺骗措施。在凯拉斯科停战谈判中，拿破仑“郑重其事”地提出，撒丁必须无条件地向法军开放瓦伦察渡口，并且将这一要求故意透露给博利厄元帅。紧接着，又命令马塞纳、奥热罗、拉哈平等分别率部队进驻托尔托纳、亚历山大里亚和伏赫拉等地。

5 月 3 日，拿破仑将法军大本营从凯拉斯科移到托尔托纳，并亲自指挥，多次在瓦伦察附近发起牵制性进攻，摆出了一副要在此地强渡波河的进攻架式。博利厄对此深信不疑，并派出重兵在此地防守。

5 月 7 日，拿破仑亲自率领部队以难以置信的速度急行军到波河下游 50 英里（约 80 千米）的皮亚琴察，用船只载运士兵渡过了那条大河。拿破仑的突然出现，使得刚巧在此地侦察的两个奥地利骑兵连惊慌失措，法军不费吹灰之力，便将奥地利骑兵赶出了阵地。博利厄得知这一情况，惊愕不已，他万万没有想到，拿破仑为了获得战略上的利益，竟不惜侵犯皮亚琴察所在的中立国帕尔马公国的主权，绕过了奥军主力。博利厄发现自己上了当，急忙前往皮亚琴察，企图使法军背靠波河而战。然而，拿破仑无意在此危险之地迎战奥军，他率领部队迅速向福米奥推进。

5 月 8 日，两军先头部队在福米奥村遭遇，奥军经不住法军的猛冲猛打，被迫向洛迪和米兰方向退却。夜间，博利厄将其主力全部撤到了阿达河左岸，并在各处浅滩和桥头加强了岗哨。洛迪是阿达河下游右岸的一个小镇。博利厄估计法军可能要从洛迪方向强渡阿达河，便在附近设置了 30 门炮的炮兵阵地，并企图炸掉这座桥。这回博利厄估计对了，法军正是要从这座桥上通过。

5 月 10 日，拿破仑调来大炮轰击对岸奥军。由于法军炮火的封锁，敌人无法向桥头靠近，不得不放弃炸桥的打算。傍晚，一场扣人心弦的争夺战在洛迪桥上打响了。大约 6 点钟，奥军的炮火刚刚减弱，隐蔽在城墙后面的几千名突击队员突然打开洛迪城门，他们一边高呼“共和国万岁”，一边沿大路冲向桥头。但很快被敌人密集的炮火所击退。尽管拿破仑认为一个司令官在战争期间不应冒人身的危险，因为死亡本身会带来混乱，造成一个战役甚至整个战争的失败。但是，如果客观情况要求个人必须做出榜样，那么一个司令就应该毫不犹豫地赴汤蹈火。这次，拿破仑感到有必要去冒生命的危险了。拿破仑率贝尔蒂埃、马塞纳、拉纳等高级将领赶赴阵前，冒着炮火向桥上冲去。士兵的士气被激励起来了，尽管不时有人在炮火中倒下，但整个队伍还是奋不顾身地冲上桥去。当冲到桥中间时，一些士兵发现河水很浅，便纷纷跳下桥去，一面蹚水前进，一面向岸上射击。桥上、桥下士兵像潮水一般一拥齐上，直扑奥军阵地，一举夺得了洛迪桥。过桥后的法军迅速整队，马上冲锋，直逼奥军侧翼。奥军阵线混乱不堪，土崩瓦解，死伤众多。博利厄见败局已定，便率残军败将迅速越过波河另一条支流明乔河，逃遁去了。拿破仑在这次战斗中所表现出的那种斯巴达式的勇敢，受到士兵们的热情赞扬。他们以大革命时期那种共和派传统的同志式态度，亲热地称拿破仑为“小伍长”。一夜之间，拿破仑成为人们心目中的传奇英雄。

5月14日，法军马塞纳师和奥热罗师进抵伦巴第首府米兰城下，2000名守敌宣布无条件投降。5月15日，法军在人们的欢呼声中浩浩荡荡地开进了庄严繁华的米兰城。从此，奥地利人在伦巴第的长期统治便不复存在了。为了纪念这一历史性的胜利，并进一步激发法国士兵为彻底击败奥地利人而继续战斗的勇气和热忱，5月20日，拿破仑在米兰对沉浸在胜利之中的法国士兵发布了一个像号角一样振奋人心的动员令。他说：“士兵们！你们像山洪一样从亚平宁高原上迅速地猛冲下来。你们战胜并消灭了一切阻挡你们前进的敌人。米兰是你们的，在全伦巴第上空，到处飘扬着共和国的旗帜。号称能够威胁你们的敌军，再也找不到更多的障碍物，可以凭借它们来抵挡你们的勇气了。波河、阿达河不再阻挡你们前进了。意大利这些所谓了不起的堡垒看来都是不堪一击的，你们像征服亚平宁山脉一样迅速地征服了它们。是的，士兵们！你们做了许多事情……可是，这是不是说你们再没有什么事可做了呢？……人们在谈到我们时会不会说，我们善于取得胜利，却不善于利用胜利呢？后代会不会责备我们，说我们在伦巴第碰上了卡普亚呢？……总而言之，让我们前进吧！目前我们还需要急行军，我们必须战胜残敌，我们要给自己戴上桂冠，对敌人给我们的侮辱必须给以报复！”

荣归巴黎

1797 年 12 月 7 日，拿破仑回到巴黎。12 月 10 日，懦弱的督政府在卢森堡官为这位载誉归来的征服者举行了豪华的欢迎仪式。数不清的群众聚集在宫殿前报之以暴风雨般的喊声和掌声。对于人民的这种狂欢情绪，拿破仑并没有把它放在眼里，他事后对人道：“假如把我送上断头台的话，人民也会这么快跑来看热闹的。”外交部长塔列兰代表督政府发表了一篇十分讲究的、对拿破仑百般阿谀的欢迎辞。全场听众对此并不十分感兴趣，与会者急切要听到的是这位意大利征服者的答辞。于是，拿破仑用他那刺耳的、非法国本土的口音发表了一篇简短的讲话。

他说：“各位督政公民：法国人民为获得自由必须同各国君主较量。要得到一部以理性为基础的宪法，必须克服 1800 年来的各种偏见。你们已经有了共和三年的宪法，你们已经战胜了所有这些障碍。宗教、封建制度和王政在 2000 年间相继统治欧洲，但是你们不久前缔结的和约，开始了代议制政府的时代。你们已经组成了伟大的国家，其领土以大自然亲自划定的疆界为范围。你们的成就还不止如此。向来以科学、艺术和伟人出生地闻名的欧洲两个最美丽的部分，怀着乐观的期望看到他们祖先的墓地上升起了自由的精神。这就是命运行将安置两个强大国家的基座。我荣幸地呈献给诸位的是在坎波福米奥签订并且业经奥皇陛下批准的条约。法国人的幸福得到最有实效的法律的保障时，欧洲就获得自由了。”

接着，擅长辞令的巴拉斯发表了充满华丽辞藻的赞美辞。然后，他紧紧拥抱了拿破仑，其他督政官也一一和他拥抱。议会两院在欢迎拿破仑方面也不甘落后。

几天以后，他们在罗浮宫画廊中摆设盛大筵席，款待司令。画廊里又增添了一批从意大利运来的珍贵油画。28 岁的将军以十分安详的表情接受了这些如倾盆大雨袭来的荣誉。鲜花、掌声、赞美词对于这个雄心勃勃的将军来说，实在是太微不足道了，更何况这些赞扬备至、热情洋溢的话未必出于真心，他十分清楚督政府是不甚喜欢他的。他仍然住在赴意大利以前居住那所朴素的房子里，他似乎是在有意回避大众的青睐和喝彩，每天只以同自己朋友相聚为满足。人们注意到这个瘦削、苍白、神情疲乏的小个头将军在听人说话时总是心不在焉，与其说是在听人说话，不如说是在独自出神，谁也猜不透他究竟在想些什么。不过，人们隐约感觉到，在他那好思考的头脑里，在他那无畏的心胸里，一个行将影响欧洲命运的计划正在诞生。由于前督政官卡尔诺的出逃，科学院空出了一个院士名额。

顿时，名人云集，纷纷前来竞争这一空缺。拿破仑也加入了这一行列。当时整个法兰西都在为这个年轻的征服者狂热、陶醉。在这个横杀出来的竞争者面前，其他名人不得不耷拉下脑袋，拿破仑轻而易举地获得了科学院院士这个头衔。拿破仑一向崇拜科学文明，做个真正的科学院院士是他朝思暮想、梦寐以求的愿望。有人曾问他，在和平得到保障之后将如何安排自己的闲暇时间，拿破仑答道：“我将安心退休，并为有朝一日成为一个名副其实的科学院院士而尽力工作。”

科学，特别是天文学，对他产生了无可比拟的吸引力。他把从事天文学视同最甜蜜的爱情享乐。28 岁的拿破仑给“幸福”下的定义是：“在漂亮的女人和美丽的蓝天伴随下度过夜晚，在计算和观测中度过白天。”拿破仑把科学院院士这个头衔视为极大的荣誉。在以后的远征埃及其间，他所发布的命令和文告都签上了“科学院院士、东方远征军总司令”的字样。

最杰出的指挥官——蒙哥马利

伯纳德·劳·蒙哥马利（1887～1976），英国陆军元帅，战略家，军事家，第二次世界大战中盟军杰出的指挥官之一。著名的阿拉曼战役、诺曼底登陆为其军事生涯的两大杰作。他和劲敌隆美尔都是天蝎座。

主教之子

在第二次世界大战中，英国陆军元帅伯纳德·劳·蒙哥马利创下了光辉的业绩，然而又有谁会想到这个赫赫有名的元帅却出身于主教之家呢？

蒙哥马利的父亲亨利·蒙哥马利在41岁时，已继承了他们家族在爱尔兰的产业，但他根本不是个有钱人。后来一个偶然的机遇使他当上了塔斯马尼亚的主教。

1889年5月1日，威斯敏斯特修道院正式举行授职仪式，任命亨利·蒙哥马利为主教。亨利全家——新主教、妻子和5个孩子，经过7周的海上颠簸之后，终于在10月23日到达澳大利亚的塔斯马尼亚，当时，伯纳德·劳·蒙哥马利还不到两岁。到塔斯马尼亚后，蒙哥马利的母亲莫德在那里建了一间教室，把孩子们的教育完全交给从英国请来的家庭教师，她要孩子们负责教室的清洁和保暖，所以孩子们不得不在课余去砍木柴。后来，莫德又进一步订下一条家规：不论刮风下雨，还是烈日炎炎，家里所有的人每天下午必须走出户外两小时，以使她不受任何声音的骚扰，安静地休息。主教可以留在屋内，但也只能呆在书房里。

久而久之，莫德养成了一种习惯，无论对人对事，她都渴望加以组织和控制，她像男人一样威风凛凛，发号施令，稍有不合意之处，就鞭棍相加。到塔斯马尼亚不久，西比尔不幸夭折。5 年之后，莫德在塔斯马尼亚生下第六个孩子，后来又生下第七和第八个孩子。

1901 年底从塔斯马尼亚回到伦敦后，她又生下最后一个孩子布赖恩。在莫德所生的 9 个孩子中，有 7 个孩子长大成人，6 个移民异邦。莫德除对孩子严加管教外，她还独揽家中财政大权，每周只给主教 10 先令，这还包括主教每天到图书室的午餐费用，如果主教在周末前客气地向她多要一两个先令，便会被她严加盘问。那么，亨利主教怎么会让年轻的妻子掌管一切呢？非常可能的是，他无法干预，因为他每年有 6 个月左右的时间离开管辖区中心，身穿灯草粗布衣裳，脚登平钉靴，头戴宽边拓荒帽，蓄一把又大又灰的胡须，在塔斯马尼亚山区和荒僻的地方长途跋涉，去访问每个遥远的山区，另一种可能是，主教专心致志于宗教，已逐渐变成一个埋头于事业的超凡入圣的人，对于家庭琐事不屑一顾。莫德那些奇特的管理方法虽然使母子间缺乏亲切感，使家庭生活毫无乐趣，但也确实起到了某些好的作用。她的孩子都学会了说实话而不顾后果，每个人都循规蹈矩，没有任何一个做出使她蒙羞的事情。家中没有飞短流长、闲言碎语，从没有人上过法庭或进过监狱，也从没有人诉诸法院要求离婚。在塔斯马尼亚，亨利·蒙哥马利主教对自己的工作专心致志，对教友坦诚忠实，深受人们的好评，所到之处颇受人敬重，不管男女都对他非常信任。

1901 年，蒙哥马利根据自己在澳洲土著、矿工、拓荒者和移民等人群中传道的经验，撰写了一份有关负责海外布道社团的部长所需素质和资格的报告，送往伦敦。当时，这个部长的职位虚悬未久。出乎意料的是，两位大主教和伦敦、曼彻斯特、纽卡斯尔等地的名主教联名致电亨利·蒙哥马利主教，问他是否愿意担任这个部长职务。起初，他想拒绝，因为他觉得这个职务有损于主教的尊严，而且案牍工作过于刻板，与他自己喜欢经常邀游荒野、在四方传道的个性相违。但是，他已 54 岁，再长此下去，可能体力难以胜任。经过一番函电往返，他最后还是接受了这个职位。

反叛者伯纳德

1901 年 11 月，蒙哥马利一家离开墨尔本，途经苏伊士运河，于 1902 年春抵达普利茅斯。新的部长职位并不是什么进身之阶，亨利·蒙哥马利在这个职位上也没有显露出什么锋芒。1921 年，亨利从海外布道社团部长的职位上退休，时年 74 岁，后来他瘫痪在床，由莫德亲自照料。1932 年，亨利·蒙哥马利与世长辞，终年 85 岁。

对于母亲的家规和专制，哈罗德、唐纳德和尤娜都颇为顺从，没有给母亲添什么麻烦。可伯纳德却是反叛者，专门和母亲对着干。与母亲的争执，每次总是母亲获胜。每当伯纳德做错了事，要挨母亲的鞭子时，他便躺在花园的草丛中呻吟："我是怎么搞的？我到底做错了什么事？"当他母亲看不见他时，便对其他孩子说："去看看伯纳德在做什么，叫他不要做了。"母亲的责骂和鞭打并没有吓住身材瘦小的伯纳德，反而使他变着法子同母亲作对。例如，当母亲在聚会中叫孩子们保持肃静，以宣布下一步的指示时，伯纳德头戴红色野战帽，竟然高声吆喝："猪市的猪儿们别讲话，让老母猪先讲……"自然，伯纳德被拖出去挨了一顿棍子。伯纳德的整个童年生活都是在自由和鞭子的夹缝中挣扎着度过的，吃尽了苦头。他欺负其他孩子，而自己也挨打；他学了一点澳洲口音，便被罚站在家人面前改正，直到莫德满意为止；他把别人送给他的一辆自行车卖掉，而用卖车的钱去购买邮票集邮，结果他的零用钱被母亲停发，直到他把钱全部还清、买回车子为止；他在屋内挥刀追逐一个女孩，被母亲一顿痛打……伯纳德对自己做的错事从不撒谎，甘愿受罚。惩罚之后，他仍然我行我素，不思改悔。他的哥哥唐纳德说："伯纳德是家中的败类，天性顽劣，只顾自己，目中无人。"

9 岁时，伯纳德拍了一张照片，他站在那里，歪戴着帽子，双手举起，握着拳头，作殴斗状。伯纳德儿时的性格由此可见一斑。在塔斯马尼亚，伯纳德的学习成绩使亨利主教夫妇非常难过。在英文作文方面，他几乎没有学到什么东西；在神学方面，他的论文“十分差劲”；在数学方面，尽管稍有进步，但绝对赶不上其他同学；在拉丁文、法文、科学和艺术方面，成绩都在“尚可”以下。尤其使他的父母难堪的是，他曾在神学课中因散布歪诗而挨过校长的棍子。

大儿子哈罗德认为自己在英国前途暗淡，不会有大的作为，如果投入陆军，到海外服役，也许还有发展的机会。亨利主教也认为，哈罗德对社会不关心，个性独特，体壮如牛，骑术精湛，如果他加入陆军，到南非去发展，可能还有较大的希望。于是，主教给岳父法勒院长和父亲罗伯特·蒙哥马利写信，希望他们能助哈罗德一臂之力。结果，当主教一家在普利茅斯上岸时，哈罗德便被委任为陆军军官。哈罗德一上任，就随军出发，去参加已接近尾声的南非战争，随后便终生定居非洲。亨利主教一家回到英国后，主教便把唐纳德和伯纳德送到离家不远的圣保罗学校就读。7 月间，第一学期结束，唐纳德在圣保罗的功课突飞猛进，通过考试获得了剑桥大学的奖学金，免除了父母对其学费的负担。伯纳德也参加了奖学金考试，但名落孙山。

1902 年 1 月，伯纳德在上圣保罗学校的第一天便自己作主，选择了“陆军”班。当晚他把自己的决定告诉了父母，父母并未衷心接受。亨利希望自己的儿子当牧师，一听说他想当军人，不免大失所望。于是问他为什么想参加陆军，他无言以对，或许是受长兄哈罗德的投笔从戎的影响，或许是他觉得陆军班功课不会太紧。总之，他下定决心以后，便拒绝更改。主教明智地接受了他的选择，认为这是天意，便不再说什么了。可是，莫德却不那么容易让步，于是母子间又爆发了一场激烈的争吵。结果，伯纳德平生第一次赢得了胜利。伯纳德当时 14 岁，凭他对付功课的本事，完全可以悠哉游哉地在学校里混过去。他体格强健，善于游泳，但对圣保罗学校新兴的板球和橄榄球运动却一无所知。

“猴子”伯纳德

入学后，伯纳德猛攻体育运动。第一年，他当上了学校游泳队队员。三年内，他便当上了第十五橄榄球队和第十一板球队的队长。他虽然身材瘦小，但却目光敏锐，具有一种天赋的竞赛和领导才能。他在家里沉默不语，落落寡欢，但在学校里却生龙活虎，海阔天空，任意舒展。在球场上，他对对手凶狠毒辣，冷酷无情，充满野性，被人称为“猴子”。

1906年11月，圣保罗学校杂志刊登的一篇文章《我们不平凡的历史专栏一号：“猴子”》，对他在球场上的表现作了如下的描写：“这头机灵的动物，穿着球衣，以橄榄球场和其他这种可去的地方为家。它剽悍凶狠，精力无穷，邻近的动物见之害怕，因为它会把它们的头发拔掉。这叫做‘擒抱’。经常可以看到它同它的一伙，一阵短跑，用一股动物的蛮劲，把一只椰子扔来扔去。它对异族决不留情，踩踏它们的脑袋，拧着它们的脖子，并且用许多难以想象的手段对付它们，目的无非是要证明它那颗爱国之心。要猎取这头动物，是很危险的。它疯狂地直向你冲来，从不稍停，手里抱着椰子，由一个伙伴陪伴着。正当倒霉的运动员想干一家伙时，椰子却被传给它的伙伴了。这位扑空的好猎手还未弄清情况时，这两头动物早已过去了。因此，大家还是不要猎取这头猴子为好。即便逮住了，也不见得好吃，它以食炸面饼圈为生。如果决心不听这个忠告，猎人最好先把自己的头皮剥掉，免得被做成肉卷。”

在人生的道路上，伯纳德平生第一次领略了什么是领导，什么是权威，并且不失时机地抓住它们，加以应用。他一次又一次地计划和组织自己的战役，在激烈的竞争中获得胜利。伯纳德在运动场上叱咤风云，但在学习成绩上却令父母伤心。

1903年，他在拉丁文、物理、化学等科目方面有所进步，老师的评语是“尚可”；在神学和英文方面，老师的评语是“优异”。但秋季来临，一场大病又把这些乐观的希望变成泡影。此后，伯纳德的学习成绩便每况愈下，不可收拾。到1905年秋升到陆军班时，他通常得到的评语是“庸劣”，虽然他也能写情感丰富的文章，但毫无风格。

1906年7月，伯纳德面临家庭和学校之外的第一次考验。要想当一名陆军军官，就必须进桑德赫斯特英国皇家军事学院，而要进桑德赫斯特皇家军事学院，又必须首先经过考试。从学术上讲，这种考试不算难，但却需要一些基本知识，而这些基本知识不是在板球场和足球场上可以学到的。当时，伯纳德已是18岁半，校方对他的评语是：“从年纪看，该生是个落伍者。如果他想上桑德赫斯特皇家军事学院，就必须努力加油才行。”毫无疑问，当这份报告送到他父母手中时，一定掀起了轩然大波。这份报告也使伯纳德受到很大震动，使他认识到他正处于一个关键时刻，必须潜心学习才行。从此他便刻苦用功，奋力追赶。尽管如此，到1906年冬，学校给他的期中成绩报告单仍然难以使人高兴。“化学：在掌握和使用原则方面，反应迟钝。数学：智力贫弱。法文：平庸。”当然，这份成绩单对他已没有太大的意义，因为1906年秋，伯纳德已参加了桑德赫斯特皇家军事学院的入学考试，在被录取的177名考生中，他排在第72位。

从军校到郡团

1907年1月30日，伯纳德·劳·蒙哥马利进入桑德赫斯特皇家军事学院。桑德赫斯特皇家军事学院位于英格兰伯克郡，建于1799年，旨在训练、培养英国陆军正规军官。学员从英国陆军以及英国和英联邦国家的中学毕业生中选出，他们入学前须经过一项全面的入学考试。那种考试虽然不需要很高的学术水平，但也并非不费吹灰之力就可以轻而易举地通过。英国前首相丘吉尔曾两次报考桑德赫斯特军校，但两次都名落孙山。他父母只好采取断然措施，把他送入詹姆士上尉主办的“家禽”补习学校。该校能准确了解军校可能对考生提出的所有问题，专门帮助那些才疏学浅的青年

人能够凑凑合合地考取军校。第三次报考时，丘吉尔终于如愿以偿，但考试成绩还是只够进入骑兵学科。与丘吉尔相比，蒙哥马利却幸运得多。他第一次报考，便被桑德赫斯特皇家军事学院录取，并且在被录取的177名新生中名列第72。

在那个时候，英国陆军并不吸引全国出类拔萃的学生。陆军生活开支相当大，靠个人薪水根本无法维持生活。一般认为，即使在不大讲时髦的郡团里，一个士兵每年至少需要100镑才能维持生计。在骑兵和较新式的步兵团中，要求一个士兵在被接受之前得有300~400镑的收入。但蒙哥马利在把军事作为自己事业的方向时，却对此一无所知。一般说来，桑德赫斯特皇家军事学院的学生大多来自伊顿、哈罗、切尔腾纳姆、惠灵顿、克利夫顿、贝德福德这样一些很有名望的学校，并且大多是陆军军官的子弟，只有一小部分来自牧师、律师和医生家庭。他们身穿鲜红色紧身短上衣和红条滚边紧身裤，头戴帆布防护帽，脚登长统靴，腰扎白色皮腰带，手戴白手套，看起来十分英俊和威武。他们的课程包括军事工程、地形学、管理、法律、战术、外语、数学、体操、骑术、击剑和操练。学校管理严格，生活艰苦，但仍有打架斗殴、酗酒和恶作剧等现象出现。

当伯纳德·蒙哥马利从一所毫无名气的学校走进这样一个特殊的军校时，他已19岁。他身高1.7米，体重63千克，胸围86厘米，完全符合要求。平民子弟在桑德赫斯特军校的学费每年为150镑，这包括食宿和一切必要的花费，但不包括零用钱。莫德除了负担150镑的学费外，每周还给伯纳德·蒙哥马利9先令零用钱。与给亨利主教的零用钱比起来，莫德似乎是够慷慨的了。但与其他同学相比，蒙哥马利却显得格外寒酸。蒙哥马利后来回忆说："我很怀疑跟我一样穷的同学会有几个……外界的一切引诱，我都因囊中羞涩而不敢问津，我只好埋头于体育运动和学习。"

最初，蒙哥马利的热情和干劲简直是立竿见影。6个星期后，他便被提升为一等兵。这是一种很大的荣誉。经这样选拔出来的学生被公认为是学生中的优秀分子，到第二学期时，一般都成为佩戴红肩章的中士，其中有1~2人则成为佩带军剑的掌旗军士。掌旗军士是学生的最高军阶。蒙哥马利开始玩他从未玩过的曲棍球，被人称为"天才"。不久，他又被选入第15

橄榄球队（校队）。

1907 年 12 月，第 15 橄榄球队与伍尔维奇皇家军事学院橄榄球队交锋，结果大获全胜。第一学期，蒙哥马利主要学习军事行政管理、法律、历史、地理、战术、工程、地形、印度文、射击、体操和操练等科目。虽然他并没有十分用功，但学习成绩却令人满意。在期末考试中，他名列第 87，校长的评语是“成绩优异”。暑假期间他回爱尔兰的“新公园”与家人团聚。

9 月份开学后，如果他运气好的话，那可能是他的最后一个学期了。事实上，蒙哥马利可以说是福星高照，一路顺风。

11 月初，有消息传来说，他所选择的皇家沃里克郡团刚好有个少尉空缺，他已被提名为递补，这使他兴奋不已。据说，他挑选这个团主要有两个理由：一是该团有一个吸引人的帽徽，这是他所向往的；二是该团不仅是个历史悠久、战绩辉煌的英国郡团，而且该团有一个营驻扎印度，而在该营服役的军官都有一种特殊津贴，足以使他自食其力。蒙哥马利只要在第二学期保持优异的成绩，便能如愿以偿。谁知在那学期快结束时，突然枝节横生，祸起萧墙。

在桑德赫斯特军校，蒙哥马利所在的连队是低年级 B 连，其中有一群相当强悍而暴躁的人。作为一等兵，蒙哥马利负责领导他们。但他们经常和住在楼上的低年级 A 连发生冲突。天黑以后，他们用拨火棍或类似的武器在走廊里激战，一直打到其他连队居住的地方，结果是不少人被打得鼻青脸肿，头破血流，不得不去医院治疗。因此，他们连被大家称为“好斗的 B 连”。

在 12 月期终考试前，蒙哥马利对一个不受欢迎的同学恶作剧时，事情闹到几乎不可收拾的地步。当那位同学正要换穿蓝色礼服时，蒙哥马利一伙人闯入他的卧室，趁他身上只有衬衣内裤时，将他的手脚捉住，蒙哥马利擦燃一根火柴，点着他的衬衣下摆。不料这一恶作剧的后果十分严重，那位同学的臀部被严重烧伤，并被立即送往医院，有一段时间简直连坐都不能坐。受伤的同学表现得非常大度，拒绝说出烧他的人是谁。但人多嘴杂，这种事根本无法保密。学生们于 1907 年 12 月 18 日返家度假。军校勒令学生退学是常有的事情。蒙哥马利的过错较一般违纪现象更为严重，其后果是可想而知的。也许蒙哥马利当时并不了解问题的严重性，但他的母亲却比他敏感得多，先是与校长电话联系，随后又亲自到桑德赫斯特拜见校长。在与校长的交谈中，她得知学院曾打算让蒙哥马利担任 B 连的下一届掌旗军士，但现在一切都完了。

莫德为儿子求情的事进行得很顺利，校长同意不公开宣扬蒙哥马利的恶作剧，以维护主教的名誉和不影响蒙哥马利的前途。

1908 年 1 月，学院贴出公告，宣布 50 名学生受罚，但蒙哥马利榜上无名，只是有一段文字说，一等兵蒙哥马利被降为普通学生级别，降级的具体理由未加说明。上学期蒙哥马利的考试成绩名列第 74，但他的表现仅得“良好”。在学校的档案和呈报陆军部的资料中，并未提及他烧伤人的事情。

1907 年 12 月，学院从他们那批学生中挑选一部分人毕业，蒙哥马利名落孙山，只得再留校学习 6 个月。这对他震动很大，决心在这 6 个月中洗心革面，脱胎换骨，痛下苦功，争取以优异的成绩毕业。由于蒙哥马利的经济状况和多少有些古怪的性格，他要刻苦用功的决心比别的人更易于付诸行动。每个月两英镑的零用钱，使蒙哥马利不可能经常参加学院里那些丰富多彩的社交活动。晚餐、舞会、去伦敦旅行，这些对他来说，只是可望而不可即的事情。他的气质已明显地表现出禁欲主义色彩。他不抽烟，不喝酒，风流韵事更是与他无缘。对蒙哥马利来说，重要的事情只有一个，那就是成功和成功带来的权力。在桑德赫斯特军校时的经济上的窘境，对蒙哥马利来说，真可谓是刻骨铭心。

50 多年后，他在《回忆录》中写道：“在那些日子里，手表刚开始出现，学院小卖部就有手表出售；大多数同学都有手表，我经常对那些手表投以羡慕的眼光。但那些手表不是为我准备的，直到 1914 年第一次世界大战爆发，我才有了一块手表。”毫无疑问，这种情况必然会对他的心理和职业选择产生重大影响。

在毕业前夕，他一改过去的志愿而报名参加印度军队。他这样做可能出于两种动机：一是想永远脱离莫德的精神和心理枷锁；二是想在经济上永远独立，因为印度军队里的薪水高，靠自己的薪津也能维持生活。由于经济的原因，参加印度军队的竞争十分激烈。只有成绩在前 30 名的人才能获得机会。35 名以后的人要想参加印度军队，那是没门的事。

实际上，在那年夏季毕业的学生中，有 36 名军校学生要被派往印度陆军，蒙哥马利经过刻苦努力，进步很大，成绩刚好排在第 36 名。但是，另有 8 名学生却是指定的。尽管他们的成绩不如蒙哥马利，但他们都是来自印度陆军军官家庭，不管他们的成绩如何，都有参加印度陆军的权利。于是，蒙哥马利的希望落空了。

那些经常打蒙哥马利的小报告的人，对此却幸灾乐祸。他们讨厌蒙哥马利那种傲慢和刚愎自用的态度，讨厌他完全缺乏桑德赫斯特的修养和社交风度。一位军官以直率的语言对他说："你这个人毫无用处，你在英国陆军中将毫无作为。"当然，他这样说完全是出于意气用事而不是出于他的预见能力。但蒙哥马利却对此持完全不同的看法。

他在《回忆录》中写道："据我个人所知，当时成为全连之冠的学生，后来一个也没有晋升到陆军最高军阶。也许他们发展太快，终于失败了。"参加印度陆军的希望落空之后，蒙哥马利还是选择了皇家沃里克郡团。

1908 年 9 月 19 日，蒙哥马利被分到皇家沃里克郡团，同批加入该团的还有 3 名高年级学生。然而，蒙哥马利远不是一个典型的士兵。在沃里克郡团军官食堂见到他多少会令人感到诧异。

在当时，很难说什么样的职业会更适合他这种性格的年轻人，或许殖民地警察部队会更好些。与沃里克郡团的大多数同事不一样，他缺乏修养，在军界没有关系，不怎么会骑马，对上级也只是偶尔表示尊敬，对社交不感兴趣，缺乏年轻人应有的朝气，与人争论时常常翻脸。在军官食堂里，大家不谈论军事，他感到迷惑不解。不管怎么说，他没有别的兴趣和爱好，选择军事这个职业后，他以全副身心投入进去。

沃里克郡团第 1 营驻防印度，为了争得去印度服役的机会，他专门学了两门印度土著语言。同事们都认为他这个人有点稀奇古怪，让人费解。诚然，他的许多同事精通业务，工作效率高，但就敏锐而言，他们却远不及蒙哥马利。

12 月 12 日，蒙哥马利被派往驻扎在印度西北边疆白沙瓦的第 1 营。当时他 21 岁，比大多数新来的尉官的年龄都大。蒙哥马利对白沙瓦的军官生

活是陌生的。当他第一次走进军官食堂的休息室时，已有一位军官在那儿，那位军官马上邀请他喝酒，并按铃叫侍者端来两杯威士忌和两杯苏打水。当时蒙哥马利并不会喝酒，但又不好拒绝，只好平生第一次举起酒杯，第一次品尝酒精的滋味。

军官食堂的早餐和午餐稍随便一些，但晚餐却很讲究。值班员和副值班员面对面分坐在一张长餐桌的两端。桌上摆着刻有团徽的银餐具。所有军官都身着深红色夜礼服。两位值班员得等到所有用餐的军官离开餐桌才能离去。有的老少校有时边聊天边喝红葡萄酒，一直喝到夜深才离去，而两位值班员却只好孤零零地坐在那里傻等。蒙哥马利很不愿意那样干，但又不得不尊重传统，遵守纪律。

沃里克郡团第1营的运输工具是骡车和骡子，因此蒙哥马利被送去学习驾驭骡车及其有关知识。

学习结束时，要通过外来考官主持的口试。据说那是位骡子专家，对骡子的习性了如指掌。考试开始时，那位考官用充满血丝的眼睛注视着蒙哥马利，问道："骡子每昼夜大便几次?"这个问题完全出乎蒙哥马利的意料之外，接着便是一阵尴尬的沉默。在绝望中，蒙哥马利飞快地开动脑筋：是不是上午3次，下午3次？晚上也许只有小便而没有大便？只听见考官又问："准备好了吗?""准备好了，6次。""不对，第一题不及格，零分。""那么，正确的答案是几次呢?""8次。""先生，我看6次8次没有多大关系。""不准无礼！第二个问题。"尽管第一题得了零分，蒙哥马利还是顺利地通过了考试，一颗悬着的心终于放了下来。蒙哥马利认为，一个人要想获得成功，就必须精通他的本行业务。为了能使用和管理营里的运输工具，他把野战勤务条令背得滚瓜烂熟，对有关骡马的知识也作了深入的了解。为了同印度士兵沟通联系，他刻苦学习印度的乌尔都语和普什土语。

蒙哥马利对成功的追求，终于使他在同僚中崭露头角。1910年4月1日，他被晋升为中尉。蒙哥马利特别喜欢运动，曲棍球、板球、边疆探险、打猎、赛马，样样他都参加，并且表现不俗。使大家吃惊的是，他竟然买了一匹印度骑兵团的战马，骑着它打猎和参加越野赛马。蒙哥马利只花了100卢比（当时合8英镑）买来的马并不是纯种马，它在印度骑兵团主要是驮行李，没有受过理想的训练，不能做赛马。然而，蒙哥马利却一门心思地训练它，哪怕最初付出了最大的代价也在所不惜。在一次赛马中，当其他的马冲出去时，蒙哥马利却从马背上摔了下来。要是换了别人，早就满脸羞愧地退出比赛。但蒙哥马利却不，他再次纵身上马，向前追去。使他自己，也使观众吃惊的是，他的马竟然很快就领先了！他使劲踢马，把脚蹬子都踢掉了。他把对手远远抛在后面，飞身驰过终点。正当他被宣布为胜利者时，他又从马上掉了下来。一般人认为，蒙哥马利对自己的职责太认真了，但对那些不大愿意管事的人来说，他倒是一个很有用的人。蒙哥马利的干劲和热情大多是因为他想超过别人，想在世人面前证实自己的价值。但是，他窘迫的经济状况并非与此毫无关系。每月的薪水只有 9 英镑，而他每个月的伙食费就高达 11 ~ 12 英镑，他家里每年只能给他 100 英镑。在印度陆军中，进骑兵团的首要条件是每年有 400 英镑的个人收入，因此，蒙哥马利享受同僚那种昂贵消遣活动的机会就受到了限制。显然，埋头于工作是打发他的空余时间的最好方法。

1910 年 10 月，沃里克郡团第 1 营移防孟买。孟买的气候炎热、潮湿，使人总觉得困倦、疲乏、浑身无力。那里的训练设施非常有限，一切都让人心灰意懒。但蒙哥马利却仍然精力充沛，反应灵活。营副官托姆斯发现蒙哥马利仍然热心于各种事情，非常高兴，但也发现他个性倔强，争强好胜，喜欢争辩，对上级的指示，也偶尔打些折扣。托姆斯和蒙哥马利加入了皇家孟买快艇俱乐部，共划团里的“羚羊”号快艇，在孟买港参加周六快艇比赛，但没有什么大的建树。蒙哥马利还买了一辆摩托车，成为第 1 营唯一一个拥有摩托车的人。但当时都时兴自行车，认为骑摩托车有损于绅士的形象。除许多其他职责以外，蒙哥马利还主管营里的体育活动。他率领的足球队实力雄厚，打遍南印度无敌手。

1910 年 12 月 14 日，德国皇储乘战舰到孟买进行礼节性访问。德国人在港内停留约 1 周，双方交往频繁。后来德国人提出与营足球队比赛。于是营副官告诉蒙哥马利不要派一流球员上场，因为料定德国人不堪一击。比赛时，营足球队的精英倾巢出动。比赛结果一面倒——营足球队以 40∶0 大败德国人。事后营副官责问蒙哥马利为什么不按指示办，他回答说：“嘿，

对付这些混蛋，我可不能掉以轻心！”

1911 年 11 月 8 日，蒙哥马利搭乘运输舰离开孟买，回英国休假 6 个月。他已有 3 年未与家人见面，不知家中有无大的变化。其实，在他离家这几年中，除了他弟弟德斯蒙德因患脑膜炎病故外，并没有多大改变。莫德依然是家中的主宰，主教越来越退缩到书房里，专注于各种典礼仪式的研究。

1912 年初，蒙哥马利回到家中，但这位从印度归来的中尉并未被家人视为特别的游子。他一进门，便参加家庭祷告，准时用餐，准时休息。他在家中沉默寡言，与他在外边或军营里的表现判若两人。蒙哥马利在《回忆录》中谈到他的母亲时说：“当我还是孩童的时候，她使我畏惧。到我长大了，她已不再行使她的权威，于是畏惧之感消失了，取而代之的是尊敬之情。”尽管如此，蒙哥马利在心理上仍然没有摆脱莫德的影响。

1912 年 5 月 3 日，蒙哥马利回到孟买，返营销假。恰值团里的补给官回家休假 1 年，于是他被委任为代理补给官。许多资深的军官都想得到那个职位，对他的好运羡慕不已。同年 10 月，蒙哥马利报名参加陆军通信专业测验。该测验主要检查军官是否掌握陆军的各种通信手段，要求十分苛刻。蒙哥马利全力以赴，把 1912 年版的《陆军通信手册》背得滚瓜烂熟，后来在为期 5 天的有关旗号、灯光信号等通信测验中名列前茅。为了纪念那次通信测验，他一直把那本《陆军通信手册》留在身边。

1912 年 11 月 6 日，蒙哥马利随部队一起离开孟买回国，于圣诞节返抵家园。对于离开印度，他并不感到惋惜，因为孟买那个地方不仅气候令人难以忍受，而且训练设施简陋，使人无法认认真真地干事情，只好得过且过，敷衍了事，他很不情愿过那样的生活。

1913 年 1 月 2 日，蒙哥马利被任命为皇家沃里克郡团第 1 营助理副官，驻防福克斯通附近的肖恩克利夫，在那里他度过了也许是他一生中最悠闲自在和无牵无挂的时光。就任助理副官后，他到附近的海特射击学校的步兵军官训练班学习。结业时，他的步枪射击优秀，机枪射击良好。那年他成为陆军曲棍球队队员，同时又参加网球运动。他买了一部福特牌汽车，毫无顾忌地在附近风驰电掣般地兜风。

1913 年 1 月从坎伯利参谋学院毕业的勒弗罗伊上尉来到沃里克郡团第 1 营。蒙哥马利与他一见如故，俩人很快就成为知心朋友，他们常在一起谈论有关陆军的问题，谈论如何真正掌握军事艺术。勒弗罗伊上尉把蒙哥马利对军事问题的空想批驳得体无完肤，告诉他军事领域的知识浩如烟海，无边无涯；如果他想有朝一日在军中青云直上，就应精通战争理论，并从战史中吸取经验教训。他俩常在一起并肩散步，海阔天空，畅谈学问，或者探讨有关陆军的一些问题，或者谈论如何真正掌握军事艺术。到 1914 年 4 月勒弗罗伊上尉从沃里克郡团调往陆军部时，他已在蒙哥马利心中撒下一把雄心勃勃的种子。

1914 年夏季来临了，蒙哥马利一家又像往年一样，计划返回爱尔兰"新公园"团聚。可是，费迪南大公被刺，战争的呼声甚嚣尘上。1914 年 7 月底，整个英国人心惶惶，害怕一旦战争爆发，德军会在英国海岸登陆。于是，英国陆军部决定采取行动，指示各团随时准备担任东海岸的防御任务。接到指示后，皇家沃里克郡团马上下令所有休假官兵立即归队，进入一级战斗准备。蒙哥马利同其他所有军官一样，于 1914 年 7 月 29 日下午 6 时回团报到。

初上战场

1914 年 6 月 28 日，塞尔维亚人普林西普在萨拉热窝刺杀了奥匈帝国皇储斐迪南及夫人。1914 年 7 月 23 日，奥匈帝国向塞尔维亚发出最后通牒，并于 28 日向它宣战。最初看来，除调解人外，其他欧洲国家不会陷入这场纷争。可是，塞尔维亚的保护国俄国为了对抗奥匈帝国，马上宣布战争总动员。俄国的举动在欧洲引起了一连串的连锁反应。

1914 年 7 月 31 日，德国向俄国提出最后通牒，要求俄国停止动员；同时又向法国提出最后通牒，要求法国答应在俄德战争中保持中立。俄国和法国对最后通牒置之不理。于是，德国下令陆海军全体总动员，于 8 月 1 日

对俄宣战，8 月 3 日对法宣战。驻肖恩克利夫的英军部队为了防止德军入侵，决定用一个营的兵力监视海岸，防守施尔尼斯地段。他们从各团抽调 350 人，组成一个混成营，驻防施尔尼斯附近的雪壁岛。伯纳德·蒙哥马利被调往该营，升任营副官，负责对 1000 多名军官下达命令。该营营部驻扎在雪壁岛大教堂，部队分成许多小队，散布全岛，到处岗哨林立，一派战备景象。

1914 年 8 月 3 日，伯纳德给他的母亲写信说：“外边的情况，我们很难知道。舰队已经全部动员，完成战备；有许多战舰在离施尔尼斯不远处抛锚。昨日又有 4 艘巨型巡洋舰在附近停泊，甲板上一派战备气氛。陆军还未接到全体动员的命令，但我们认为动员令随时都会到来。我们现在只完成了戒备阶段，这便是我们在这里驻防的原因。我从今晨的报纸上看到德国对俄宣战的消息，我看，我们被迫参战大概已成定局……战争迟早总是要来的，倒不如让战争现在就来，早点结束了事。现代的战争，是不会拖得太长的，但一定残酷可怕。”

“经过这次战争，以后 50 年大概都不会再有战争了……一般人认为，德国将会被打败，我也同意这种看法。自然，德国若是战败，对我们是再好不过了；德国若真对我们几个国家一齐挑战，它一定难逃厄运。我希望，我们动员起来，厉兵秣马，严阵以待，等法国需要我们时，便可立即参战。法国所需要的主要是我们的舰队，而舰队现在已完成准备，升火待发。”

8 月 2 日，德军进入卢森堡，要求假道比利时，3 日夜间侵入比利时。英国由于对比利时的中立承担义务，便在 4 日晚上 11 时对德宣战。

8 月 5 日，蒙哥马利在雪壁岛给母亲去了一封短信：“亲爱的母亲：现在只有一点时间，够写一封短信。陆军已全部动员；明早，一个义勇民兵团将来接替我们的防务，部队直接返回肖恩克利夫去整备。我认为，部队大概要到比利时去参战。至少，部队也可能开到法国北部去。我们现在是属于第 4 师第 10 旅，你可从报刊上知道我们的行踪。”

蒙哥马利的家人相信他的推断是正确的，于是决定立即返回伦敦，希望在他离开之前和他见上一面。可是，形势的发展急转直下。

1914 年 8 月 6 日，驻守雪壁岛的混成营所属部队纷纷返回肖恩克利夫的原属各团建制。返回沃里克郡团后，蒙哥马利的营副官职务即告终止，于是他又回到连里任排长。

7 日上午，他将连里的新兵带到靶场练习射击。7 日下午，他把车开到福克斯通，寄存在柯林斯夫妇处，打算打完仗回来时再去取。随后，他给母亲寄去一张明信片，请她给他寄一个坚韧耐用的皮包和一把指甲刀，因为他们都不准离开营房。谁知，当天晚上，他们突然接到出发的命令，但却不知道目的地在哪里。于是他马上又给母亲发了一封电报，告诉她部队将出发但目的地不详。

8 月 8 日深夜 2 点半，蒙哥马利所在部队奉命出发。坐了一天火车，下午 5 时到达目的地。蒙哥马利在给母亲的信中说：“我不能在信上告诉你部队现在在什么地方，或做什么事，以及有什么行动。这都是不允许的……我也不能告诉你我的地址，但可以从邮戳或我的电报上看出我们部队曾到过的地方。你可将信寄到肖恩克利夫去，在起程去海外前，我们将回那边去取信。”

8 月 22 日凌晨 1 时，蒙哥马利随营离开哈罗前往南安普顿，登上“卡利多尼亚”号运输舰驶离南安普顿，渡海前往波罗尼。蒙哥马利在舰上给父母各写了一封信。23 日早上，“卡利多尼亚”号驶进波罗尼港，蒙哥马利就在港内将信投寄出去。此后两个星期，蒙哥马利的父母再也没有收到他的信，也没有听到有关他的消息。

莫名失踪

9 月 8 日，蒙哥马利的父母突然接到英国陆军部发来的电报，电文说：“蒙哥马利主教：据报告，沃里克郡团的伯纳德·劳·蒙哥马利中尉现已失踪，本部深感遗憾。不过，这份报告并非表示蒙哥马利已经阵亡或负伤。尔后再有消息，当即电告。”

英国远征军每千人配备两挺机枪，浩浩荡荡攻抵企图包围法军的德军面前。但与德军相比，英军在数量上处于劣势。此外，英军既无摩托化运输部队和重炮兵的支援，又无无线电或野战有线电通讯设备。所以，英军的进攻仅仅是象征性的。当英军发现左右两翼的法军都已撤退时，便决定

于8月23日开始从蒙斯撤退。

这一天，皇家沃里克郡团第1营乘坐的“卡利多尼亚”号运输舰刚刚抵达波罗尼，所以来不及参战。部队上岸后，于当晚11时乘火车离开波罗尼。24日上午10时在勒卡托下车，在那里等待营后续部队。25日凌晨2时，该营从勒卡托火车站向西北行军，经过博蒙特到达圣皮东，准备在那里占领高地，掩护从蒙斯撤退的英军。在掩护了一支向南撤退的英军之后，他们于下午6时遭到敌炮兵的轰击，但无伤亡。7时，部队接到命令“一俟第18旅通过”，立即撤退。本来是赤日炎炎的天气，突然间乌云蔽日，雷电交加，大雨滂沱。

晚上11时，全营开始向南撤退。部队冒雨行进，于凌晨4时30分抵达奥库尔村，累得疲惫不堪，就在一片玉米地里露营。英军空中侦察发现，德军有几个师的步兵和骑兵正在向勒卡托前线集结。但这一情况似乎并未通报军部、师部或骑兵部队。英军原定于26日上午7时继续撤退，担任掩护的部队本应占领一处后卫阵地，用以阻击敌人，但第4师却没有这样做。骑兵师师长阿伦比催促军长史密斯·多里恩将军在日出前将各师撤走，因为他没有足够的兵力去夺占各高地。但史密斯·多里恩军长认为，部队人困马乏，且散布过广，要在上午9时前撤走是不可能的，于是决心暂时在原地固守，待对敌实施猛烈阻击后，再继续后撤。但这纯粹是痴人作梦，因为英军当时的状况是：部队疲惫不堪，聊无斗志；工事不完整，部署凌乱；缺乏骑兵部队执行搜索任务，第4师没有重炮支援；甚至旅运输部队也陷于混乱状态，致使部队既无粮食，又无弹药。在这种情况下，要对敌发动猛攻，是完全不可能的。史密斯·多里恩军长于8月26日凌晨3时30分将其决心呈报英国远征军指挥官约翰·弗伦厅爵士。约翰爵士十分惊讶。他的副参谋长在电话中对史密斯·多里恩将军说：“你如在原地作困兽斗，色当之战将会重演。”史密斯·多里恩军长回答说：“现在已骑虎难下，无法脱身，因为战斗已经开始，炮火的声音已经传到我这里来了。”

此时已是清晨6时。德军早在45分钟之前便对第4师发动了进攻。第4师共15000人，防守正面宽5英里（约8千米），没有粮食，没有弹药，也没有师炮兵和骑兵部队，结果被打得落花流水。第12旅在清晨5时15分便弃守高地，撤退时乱作一团，只好靠皇家沃里克郡团所在的第 10 旅来收拾残局。沃里克郡团第 1 营迅速梯次展开，第一梯队两个连，占领前沿地形；第二梯队两个连部署在数百码以外的后方。蒙哥马利所在连担任第一梯队。营长埃尔金顿中校骑着马飞也似的奔向第一梯队，大声命令部队立即向高地前坡上的敌人发动进攻。第一梯队的两个连在没有侦察、没有计划、没有火力掩护的情况下，冒着德军密集的枪弹和弹片向高地冲去，士兵就像“保龄球的九个木瓶”一样一排排地倒下。

英军前仆后继，英勇无比，终于在上午 6 时攻占了山顶。德军的炮火对准高地猛轰，英军无法筑壕固守，只好退下高地。在这次攻击中，蒙哥马利挥舞着指挥刀跑在队伍最前面。不幸的是，他只跑出六步远，便被自己的刀鞘绊倒，指挥刀被摔出老远。等他站起身来，再跟着部队往前冲时，他发现自己排里的大部分士兵已经阵亡。

上午 7 时 30 分，在克里斯蒂少校的统率下，第一线的部队再次向高地发起进攻。攻占山顶后，敌军火力太猛，无法固守，便秩序井然地退回发起攻击前的阵地，冒着敌人密集的炮火，坚守阵地。这两次进攻使英军 8 名军官负伤，约 200 名士兵伤亡。蒙哥马利所在连的连长受伤，官兵伤亡惨重。后来，蒙哥马利带领第 3 连的两个士兵，回到山上救回一名伤势很重的上尉。由于没有担架，无法抬他随部队行动，后来只好把他留在村中的神父处。埃尔金顿中校把前面的两个连队送上屠场后，便独自回到第二梯队。

下午 3 时左右，部队开始撤退，但第一梯队的两个连却没有接到撤退的命令。晚上 10 时左右，他们突然发现四周已无友军，同时发现大队德军正在向他们逼进。第一梯队两个连的残余部队和本旅的脱队散兵，才急忙开始撤退。资深军官普尔少校率领这群残兵败将，依靠指北针辨别方向，希望赶上退却中的英军。埃尔金顿中校根本就不知道他的第一线连队的命运，他带着后面两个连队退到 15 英里（约 24 千米）外的圣昆丁市，在当地市长的要求下，埃尔金顿中校同意当晚向德军投降。在这种混乱的情况下，英国陆军部把伯纳德·劳·蒙哥马利列为失踪人员，并通知其家属，完全是正常的。

3天之后，蒙哥马利他们才赶上本师部队。原营长埃尔金顿中校被撤职，由普尔少校接任营长。蒙哥马利在给他母亲的信中对这次撤退作了如下描述：

“那次行军，我们称之为从‘莫斯科撤退’，是我终生难忘的。我们的位置处于自己部队的背后、德军的前面，有好几次我们都是死里逃生。有时我们不得不躲进树林，以躲避德军骑兵的巡逻。我们缺乏粮食，也无法睡觉，大部分时间都在下雨。我们开始撤退时，大家都已经精疲力竭。到最后赶上部队时，我们那副狼狈样子，你是可以想象得到的。有许多人落伍离队，我们也顾不了那么许多。落伍离队的官兵大多被德军俘虏，有些后来归队。你寄来的巧克力，有如奇珍异宝，因为我们没有一点给养，村里也没有食物。村民们早已跑得一干二净。我们的装具已全部烧掉，以便在车上留出空间，给伤兵们坐。我们除了身上穿的，简直是一无所有，我们经过烧装具的地方时，天空乌云低垂，大家士气十分低落。26日退却时，我们分为两队，各有300余人。后来天黑夜暗，两队在不知不觉间失去了联络。28日下午10时，我们赶上本师部队，被编入汽车运输队，29日下午3时抵达贡比涅。路上经过一些风景幽美的森林，全程约90英里。30日上午9时乘火车到达勒芒市，才得到好好的休息。那里远离前线，中午和晚上都上馆子。9月4日，我们在那里洗了最后一次澡……”

战场受伤

9月4日，战场的形势发生变化，德军被迫后退。蒙哥马利所在的营离开勒芒市，开始向德军追击。

从9月5日到15日，他们每天都强行军，通常清晨4时出发，下午7至8时休息。他们每天都能看见敌人撤退的痕迹，如人马的尸体和遗弃的仓库等。他们常常在黄昏时刻到达的地点，便是德军当日早上离开的地方。经过几百英里的艰苦追击，他们终于在埃纳追上了德军。德军在埃纳构筑工事，掘壕防守。英军到达后并未仓促发动进攻，只是抢占地形，构筑工事，准备进攻。两支军队彼此相对，虎视眈眈，但谁也不首先发起进攻，只用炮火轰击对方阵地。

9 月 20 日，蒙哥马利写信给他母亲，感谢她寄去的第一个包裹和妹妹给他的薄荷糖，并向她汇报了当时的情况。信中说：

“……我们在这种稀奇古怪的环境中收读来信，在战壕中嚼着薄荷糖，身边却躺着一个死人。到现在为止，我曾有几次险些丧命，但因我运气好，次次逢凶化吉。有两次，我身旁的同伴刚站起来，就被打死，而我却安然无事，他们说，法国的 9 月天没有三日晴，这几天的天气简直糟透了。现在的天气已开始寒气逼人，如果后方不尽快送些保暖衣物来，大家便要挨冻……昨晚我在战壕里受够了洋罪，整夜大雨下个不停，沟满壕平，尽是雨水，我通夜都要到各哨位巡查，使大家保持警觉。有些哨位远在前方，我只好在泥浆中匍匐爬行，有时几乎迷失方向。德军的前沿战壕离我们不过七百来米，一不小心便会被德军的哨兵抓去，可我一直吉星高照，安然无恙。我浑身泥泞，所有衣服里外湿透，但这对我似乎毫无影响，因为过后我并未着凉。我穿着湿透的衣服回来，躺下便睡，什么也不脱。

“……到这时为止，一切都好。现在是下午 2 时，双方的炮火通常是每天早上 5 至 9 时最为猛烈。在最前方战壕里受伤的人，我们不能立即派担架兵去接运，因为白天派人去抢救，大多要挨枪弹。受伤的人只好作一点简单的包扎，躺在战壕里等待天黑。天亮时，我们可以看到德军从战壕里出来，伸着懒腰，揉着眼睛。我们等他们几个人聚到一起时，才开枪射击。有天夜里，德军企图偷袭我们的阵地，但被我们击退，我们真需要老天帮忙，给我们带来些好天气，好将战壕和我们的衣服晒干。除了那些炮火外，其他一切还算不错。今早的天气清爽怡人，可是枪炮一响，天就开始下起雨来。尽管我们的生活艰苦，精神紧张，但大家都心情愉快。部队的伙食不错，每天都有饼、糕、牛肉、火腿、果酱、乳酪等。我们军官的给养与士兵是一样的。我留了一大把胡须，决定在这场战争结束前不刮胡须，希望你能看见我的模样……我在火线上指挥 250 人（此时蒙哥马利是代理连长），而且德军就在六七百米内，这可不是闹着玩的。实际上，这是一个少校级军官的责任，我因为运气好，所以这个职务便落在了我头上。我手下有两名军官，但责任是我的，我很高兴负起这种责任……”

从这封长信中可以看出，战场环境虽然艰苦，但蒙哥马利却仍然充满了乐观主义精神，而且对自己受到重用感到有些洋洋自得。德军和英军就这样面对面地僵持在那里，互不相让，一直持续了一个多月。蒙哥马利认为，他们的目的，就是要把德军牢牢地钉在那里，好让法军迂回到他们背后去打击他们。

1914年10月上旬，英国当局决定，将夹在两支法军中间的英国远征军抽调出来，转向北方，迂回德军翼侧。不幸的是，德军在攻陷安特卫普后，也抽出几个师的兵力对英军实施迂回包抄。结果，英军又在人数上处于劣势，再次陷入苦战。蒙哥马利所在部队从埃纳阵地移防出来后，搭乘火车转往比利时。随后调转方向，行军两天，再搭乘火车，开往梅特朗参加战斗。

10月13日，一位退休上尉从英国调来担任连长，接替指挥，蒙哥马利中止代理连长职务，再次担任排长职务。伊琅尔的第一场战斗已在前一天打响。这次参战，蒙哥马利充满必胜的信心，因为这次是普尔少校指挥。普尔少校有作战计划，发出的命令也妥当。

13日上午10时，蒙哥马利所在营刚到达佛来特尔，便接到报告说，敌军据守着梅特朗前面一带高地。普尔少校将全营的4个连完全展开，把敌军赶回梅特朗。德军从高地退守村庄的边缘后，便在房舍、丛林、篱笆和墙壁间挖掘战壕，把泥土弄得到处都是，加之天下着绵绵细雨，雨帘低垂，乌云翻滚，英军根本无法看清敌军在何处。英军没有炮火支援，这便使德军可以毫无顾忌地把教堂塔顶作为观察位置。在那上面，德军对英军的部署和运动情况一览无遗。尽管普尔少校指挥卓越，但全营在上午11时又奉上级指挥官的命令，在没有炮火支援的情况下夺取村庄。

其结果与8月26日在勒卡托的战斗一样，部队伤亡极大。在伤亡了100多名官兵之后，先头各连进攻受挫。C连和D连随后跟上，蒙哥马利高举着指挥刀，率领全排前进。这一回他总算没有被刀鞘绊倒，可是，当他一步冲进德军战壕时，却发现一名德军正举枪向他瞄准。作为一名年轻军官，他受过不少训练，知道怎样同敌人拼刺刀，而且还在单人对刺中获得过优胜奖。但眼下他既无步枪，又无刺刀。面对向他瞄准的大个子德国兵，他只有一把锋利的佩剑。但在他短暂的军旅生涯中，谁也没有教过他如何

用佩剑杀死敌人。他懂得的唯一剑术是如何用它来行军礼。在这千钧一发的时刻，蒙哥马利已来不及多想，便纵身向那个德国兵猛扑过去，用尽全身力气猛踢他的下腹部，正好踢中其要害部位，使他痛倒在地，成为蒙哥马利有生以来的第一名战俘。蒙哥马利带领全排士兵与敌人展开英勇的肉搏战，一举夺占了敌人阵地。随后在离村庄约90米的壕沟和篱笆后面占领防御阵地，准备继续向村庄发动进攻，以肃清屋里的敌人。

蒙哥马利布置好防御阵地后，跑到前面去回头观察布防情况，以了解从敌军的角度看他们阵地的情形。他刚从雨中站起来，就被守在屋里的德军狙击手一枪击中。子弹从他背后射入（因为他背对着敌方），从前面穿出，穿透了右肺，但却没有伤着骨头。他倒在地上，血流如注。为了不引起德军的注意，他静静地躺在那里。一名士兵跑过去，替他包扎伤口，结果他被一颗子弹射中头部，倒在蒙哥马利身上。德军狙击手继续向他俩射击，蒙哥马利的左膝又被击中一枪。但倒卧在他身上的那位士兵挡住了其余的子弹。排里的士兵以为他俩都死了，也就不打算去救他们。

蒙哥马利在泥泞里躺了三四个小时，直到天黑以后，排里的人才去救他。但他们没有担架，只好用一件大衣把他抬到路上，碰巧遇上团急救站的担架兵，于是把他抬到皇家陆军卫生部队的前方急救站。医生们认为他不行了，又因急救站要转移，就给他挖了一个坟墓。但是，到转移时，他还活着，于是被抬上救护车，送往火车站。一路上汽车颠簸，他还勉强没有昏迷过去。但一上火车，他便完全失去了知觉。等他第二天完全清醒过来时，已经躺在伍尔维奇的赫伯特医院里了。蒙哥马利在进攻梅特朗作战行动中的英勇表现，受到了上级的重视和表彰。

他负伤的第二天，即1914年10月14日，他被晋升为战时上尉军衔。他还由于“身先士卒，奋不顾身，用刺刀将敌人逐出战壕而身负重伤”，荣获优异服务勋章。日落前，德军从村庄撤退，其伤亡微不足道，但却将整个英军挡住，使之伤亡700多人，仅皇家沃里克郡团第1营就有42人阵亡，85人负伤。曾在勒卡托身先士卒的凯里斯迪少校壮烈牺牲，蒙哥马利的同事季烈特少尉也不幸殉职。蒙哥马利几次大难不死，真是奇迹。

从整个情况看，英国远征军在人员、装备均处于劣势的情况下，能与敌军右翼打成平手，也属不易。但在蒙哥马利受伤后 4 周结束的伊珀尔战役，却成为第一次世界大战中英军伤亡最惨重的一役。英国远征军在一战中伤亡近半，每 10 个人中便有 1 人阵亡。而在阵亡的人员中，有 3/4 是在伊珀尔战役中捐躯的。蒙哥马利住在赫伯特医院，膝盖的伤很快痊愈，但胸部的伤愈合较慢。

尽管 20 多天后他胸部的伤口就已愈合、内出血已停止，右肺已开始扩张得很好，但他仍感到呼吸短促。医生认为，胸部的创伤对他的影响可能是永久性的。

12 月 5 日，蒙哥马利觉得自己已恢复得很好，于是请求出院。院方经研究后准许蒙哥马利先回家休养 3 个月，假期结束时，再考虑是否让他回军队工作。但两个月后，蒙哥马利便说服院方对他再作检查。结果是各方面都恢复得很好。

1915 年 2 月 5 日，陆军部宣布，蒙哥马利可以重任军职，但仍不能担任全部勤务，并且限在国内服役。2 月 12 日，蒙哥马利被派往驻防曼彻斯特的第 112 步兵旅，接替该旅参谋长 J · A · 尼克松少校的职务。蒙哥马利当时的经历只不过是个排长，在梅特朗负伤时仅是个中尉，1914 年 10 月 14 日才晋升战时上尉衔。但这个职位一般是由少校级军官担任的，于是陆军部同意将伯纳德 · 蒙哥马利的战时上尉衔改为正式上尉衔。从此，蒙哥马利便开始在旅一级的岗位上展示自己的才华。

晋升二级参谋

第 112 步兵旅是 1915 年 1 月组建的，由兰开夏郡的 4 个步兵营组成。旅长是皇家英尼斯基林燧发枪团的退休准将麦肯齐。麦肯齐将军是个睿智和宽宏大度的人，对旅部这位年轻的参谋长的能力非常赏识，什么事都放手地让他去干，并给予全力支持。蒙哥马利极力主张要有一处集中训练的场地。但是，在兰开夏郡找不到这样的场地。于是，该旅于 3 月初移到有良好训练场地的北威尔士。

该旅组建不到 4 个月，英国陆军部便将其拆散，而将各营分派到各师去，准备开往法国。刚任第 112 旅参谋长不过 6 个星期的蒙哥马利便在曼彻斯特守着一个没有部队的旅部。由于陆军伤亡率不断增加和德军的兵力日益增强，英国陆军部又恢复了第 112 旅的编制，并将其改为第 105 步兵旅。没过几天，又将第 105 步兵旅改为第 104 步兵旅，编入第 35 师，该旅辖第 17 兰开夏郡燧发枪团、新编第 18 和第 20 兰开夏郡燧发枪团以及第 23 曼彻斯特部队。

6 月份，蒙哥马利的健康检查表明，他已适合担负全部勤务。这时，全师的部队都在约克郡的马索姆营房集中。8 月份，部队向南移防，到索尔兹伯里平原去完成赴法前的训练。

1916 年 1 月，第 104 步兵旅奉令开赴法国。“退休老兵”麦肯齐旅长率领全旅和刚满 28 岁的参谋长蒙哥马利上尉同赴战场。1 月 29 日，搭乘“阿基米得斯号”轮船，在两艘驱逐舰护卫下，从南安普敦启程，次日抵达法国勒阿弗尔。第 104 旅隶属于第 35 师，被编入第 11 军，受黑京中将指挥。

1916 年 2 月 11 日，第 1 军团司令查尔斯·门罗爵士陪同基奇纳侯爵前往第 104 旅视察。那天阴雨绵绵，泥泞深厚，天气糟糕透了，第 104 旅所在的地方全是农田，根本找不到一块草坪。部队只好在一片刚犁过的地里集合，请基奇纳侯爵检阅，基奇纳侯爵从车里出来，冒雨站在路上，部队列队从他面前通过。基奇纳侯爵对检阅十分满意，对该旅的工作大加赞许。在那场战争中，大多数部队都从未见过自己的高级长官，甚至根本不知道他们是谁。基奇纳侯爵到前线部队视察，大大地鼓舞了部队的士气。

1916 年 2 月 22 日，蒙哥马利借了一辆自行车，与托姆斯上尉一起回到梅特朗去看他受过伤的地方，当时冲锋陷阵的战场，现在已成为埋葬阵亡将士的墓地。在他中弹后躺了两三个小时的地方，除原来的一个稻草堆不见踪影外，一点也没有变。现在，那儿遍地是英军官兵的坟墓，克里斯蒂少校和季烈特少尉的墓也在那里，那些坟墓都有人照管，而且管得很好。

第104旅终于向预定作战地区推进，该旅将所辖的3个营配属给第38师，以便在接替其作战地区前尽量学会最新战法，从1916年3月7日起，该旅接替里奇堡附近的作战地区，所辖的4个营几乎一直都在参加战斗行动。上火线后不几天，部队奉命对敌战壕发动一次连规模的突击。此任务由第17兰开夏营承担。准备工作非常详细，突击部队曾在模拟的地形上反复演练。但是，突击结果却是一败涂地。蒙哥马利的表兄瓦伦丁在这次突击中头部中弹，送到医院后，抢救无效而死去。法国的3月，逼人的寒气已逐渐消退，厚厚的积雪已开始融化，再加上阴雨连绵，战场上泥泞满地，对于生活在战壕里的人来说，这种环境简直是糟糕透了。

每天上午9时半或10时，蒙哥马利同将军一起到各战壕和岗哨巡视，中午以三明治或糕饼当午餐而不回旅部吃午饭，一直到下午4时30分才回去更衣，享用午茶和讨论所发现的问题。蒙哥马利每天要负责提出三份状况报告：一次在上午5时，一次在上午10时，最后一次在下午4时。第一次和最后一次用电报拍发，非常简短，例如："状况正常"、"情况无变化"等。上午10时送出的书面报告，蒙哥马利一般在早餐前写好初稿，早餐时交付打字，早餐后呈将军签字，随后马上发出。蒙哥马利思考缜密，反应灵敏，遇事沉着镇定，办事有条不紊，且能吃苦耐劳，深受各营和麦肯齐旅长的信任。因此，麦肯齐旅长向上级建议给他荣誉晋升和给他较高阶层的参谋职务。但蒙哥马利并不抱多大的希望。

1916年4月14日，第35师调往北边的弗勒贝克斯地区，接任第8师的防务。在那里，麦肯齐准将、麦克温尼中校和史密斯中校都被调职，由较年轻的军官接替他们。接任第104旅旅长的是桑迪兰兹，年仅40岁，金马伦高原人。在桑迪兰兹将军的指挥下，蒙哥马利的生活和工作习惯有所改变。他每天6时15分起床，7时早餐，7时45分出巡。有时，他随旅长出去；有时，他与旅长分头行动。他们中午1时回旅部就餐，下午处理公文。午茶后，在旅部附近走走，或去视察炮手或工兵的工作，并草拟计划。下午8时吃晚餐，晚饭后再办公一会儿，通常10点就能就寝。麦肯齐将军曾给予蒙哥马利自由和鼓励，使他在旅里得以创造自己的地位，那种地位使蒙哥马利不知疲劳的秉性得以施展。但开始教蒙哥马利领悟旅长职务本质的人，却是桑迪兰兹将军。桑迪兰兹将军使他了解了旅长同其炮兵和工程兵之间的关系，这对于蒙哥马利上尉的前途来说，是极其重要的。

蒙哥马利在圣保罗读书时，教师可能认为他的写作能力已无可救药。但在战场上，蒙哥马利叙述经验的清晰与扼要，却不能不令人叹服。蒙哥马利似乎没有丝毫的忧虑，他对眼前的工作全神贯注，从不杞人忧天，使其长官和部属对他钦佩不已。蒙哥马利对事物的洞察，简单明了。这在教室里并不显得重要，但在瞬息万变的战场上，却是一种不可多得的禀赋。其他人可能对部下关怀过分，也可能观察战争的视野较宽，对盟军战略战术的得失更为敏感，但能像蒙哥马利那样对自己周围的环境观察得那么清晰的人，却是凤毛麟角，少之又少。而对战役和战斗的全局，蒙哥马利却看得不那么清楚，常常盲目乐观。

1916 年英军阵亡、负伤或为毒气所伤者，高达 125 万余人。

1917 年 1 月 18 日，第 35 师师长休假，桑迪兰兹准将代理师长。4 天后，第 104 步兵旅的参谋长伯纳德 · 蒙哥马利上尉被调往第 33 师担任二级参谋。虽然他的职务晋升了，但他的军衔仍然是上尉。从此以后他的才华便得到了更大的施展空间。

最伟大的前线指挥官——布莱德雷

奥马尔·纳尔逊·布莱德雷，美国陆军五星上将。1893年2月12日生于美国密苏里州克拉克。1915年美国陆军军官学校（西点军校）毕业后，先后入本宁堡步兵学校和利文沃思堡指挥与参谋学校深造。1941年2月任本宁堡步兵学校校长。1942年2月起先后担任第82、第28步兵师师长。1943年2月前往北非，任地中海战区盟军总司令D·D·艾森豪威尔的战场私人代表。后接替G·S·巴顿任第2军军长，率部参加突尼斯战役和西西里岛登陆战役。1943年9月任美第1集团军司令，10月在英国布里斯托尔开设第1集团军司令部，并参与制订诺曼底登陆计划。

寒门降世

规模空前和残酷惨烈的第二次世界大战缔造了一代叱咤风云、力挽狂澜、运筹帷幄的杰出将领。在这场正义与邪恶、进步与反动的大搏杀中，一代名将适应潮流脱颖而出，他们或骁勇善战，威震四方；或羽扇轻摇，驾驭全局；或豪情奔放，挥戈疆场；或舛骜不驯，傲视群雄；或足智多谋，大智若愚。这些各领风骚的军中豪杰，统领大军在战争舞台上淋漓尽致地表现其雄才大略和指挥才能，谱写出一曲曲起伏跌宕的战争交响曲。美国最后一位五星上将奥马尔·纳尔逊·布莱德雷便是第二次世界大战中沉着稳健、智勇双全而又大智若愚的伟大将领。

布莱德雷缺乏巴顿那样的热情奔放和表演天才，也没有蒙哥马利那样的骄横自负、傲慢矜持，因而他不像他们那样声名显赫、引人注目。但是，作为欧洲战场上“最伟大的前线指挥官”，他历任军长、集团军司令和集团军群司令，统领过世界历史上规模最大的集团军群，指挥130万大军横扫纳粹德国。布莱德雷在艾森豪威尔手下统领巴顿、霍奇斯、辛普森等一代名将，有条不紊地推动反法西斯战争的机器，一步一步地走向胜利。

作为一名温文尔雅、大智若愚的高级将领，布莱德雷在战后历任退伍军人管理局局长、陆军参谋长、参谋长联席会议主席和北大西洋公约组织军事委员会主席。他享有的显赫地位和持久的声誉是很多人难以企及的，包括和布莱德雷同一时代的许多杰出将领。从反法西斯的欧洲战场而言，有一位目光深邃的历史学家恰当地评价了布莱德雷的重要作用：“艾森豪威尔组织协调，布莱德雷是思想机器，巴顿是斗士。”他们三人是美国陆军参谋长马歇尔将军派往欧洲战场的三架美国马车，为美国及其盟国驾驭着欧洲战争的巨轮驶向胜利的彼岸。

1893年2月12日，奥马尔·纳尔逊·布莱德雷出生在美国密苏里州中部伦道夫县克拉克村的一个普通农夫家里。那一天正是美国另一位伟大人物林肯的诞辰日。

布莱德雷是英国人的后裔，他的祖先早在18世纪中叶就从不列颠群岛移居美国，最初落脚在肯塔基州的麦迪逊县。19世纪，为谋求生路，又迁居密苏里州，最后定居在伦道夫县的克拉克村附近。移居美国并没有改变布莱德雷祖先贫困的命运，他们辛勤地在土地上耕耘，养家糊口。在美国南北战争时期，布莱德雷的祖父托马斯·明特·布莱德雷参加了联邦陆军，当二等兵。祖父在战斗中没有什么战功，布莱德雷甚至不知道祖父曾经是一个大兵。托马斯·明特·布莱德雷复员回乡后，结识了一位贫苦农民的女儿，名叫萨拉·伊丽莎白·刘易斯，最后他们结了婚。祖父和祖母一共生了9个孩子。布莱德雷的父亲约翰·史密斯·布莱德雷生于1867年2月15日，他是祖父的长子。贫穷使布莱德雷的父亲懂事很早，他慢慢成为家族中第一个有出息的人。

布莱德雷的父亲体魄健壮，胆识过人，拥有克服重重困难的身体条件。他为了谋求生存，不断地拓荒和打猎，并成为出类拔萃的神枪手。生活稍有好转，布莱德雷的父亲又开始向新的目标进军，19 岁那年他进入克拉克村附近的农村书院，两年后他因聪颖过人而在乡村学校教书了。在当地，布莱德雷的父亲也算得上是一位知识分子，才 21 岁，他身上便兼备了拓荒者、农夫、知识分子的气质。另外，他还喜欢棒球运动，成为当地棒球队的明星。

除了租种田地、打工狩猎外，布莱德雷的父亲主要是在乡村学校教书，在克拉克村附近的希比镇，他也小有名气，曾执教于方圆十几所乡村学校。父亲酷爱读书，能见到的书都读一遍，还为学生建立了小图书馆，鼓励他们读书。在那荒蛮的时期，布莱德雷的父亲还善于调教无法无天的农家顽童，深受农户的爱戴。

25 岁那年，布莱德雷的父亲在费尔维学校爱上了一位名叫萨拉·伊丽莎白·哈伯德的女学生。她的家住在克拉克村以西 5 千米的地方，全家拥有用粗圆木搭成的三间平房，一家人辛勤地耕种着 25 亩（约 16675 平方米）贫瘠的土地。

1892 年 5 月 12 日，布莱德雷的父亲和这位 16 岁的女学生结了婚，9 个月后，奥马尔·纳尔逊·布莱德雷来到了人间。在取名时，父亲寄托了他的许多心愿，希望小布莱德雷长大后能有出息。奥马尔取自当地报社编辑奥马尔·D·格雷的名字，纳尔逊则取自一位医生的名字，父亲对这些人格外推崇，盼望小布莱德雷长大后能像他们那样。

幸福的家庭生活

1896 年布莱德雷 3 岁半时，大姨妈不幸患结核病死去，留下一双女儿，大表姐内蒂 7 岁，小表姐奥普尔 6 岁，布莱德雷的母亲收留了这两个可怜的姑娘。

1900年2月，布莱德雷的母亲又添了一个男孩，取名雷蒙德·卡尔弗特。可是，小弟弟两岁多时得了猩红热不幸夭折，从此母亲也没再生孩子，布莱德雷成了家中的独子。好在母亲收留了两位表姐，他们一起玩耍，童年生活并不显得孤独、寂寞。布莱德雷的父亲从小就教他识字。

1899年，当布莱德雷6岁时，父亲就带他去学校上学。父亲的工作经常调动，因此布莱德雷也跟着奔波，他先后在彭伯顿小学、洛卡斯特格罗夫学校、巴德里奇学校读书。学校一般只有一间教室，布莱德雷的父亲是唯一的教师。通常，学生们分成两组，共用一间教室，布莱德雷的父亲总是教完这一组后再转过头来教另一个年级组。

小布莱德雷在父亲的熏陶和教育下，从小养成了爱读书的习惯，他经常贪婪地阅读所能得到的各种书籍，沉迷于关于法国、印度革命战争和美国南北战争的历史书籍中，崇拜那些正直、勇敢的英雄人物。每天晚上，父亲总要给小布莱德雷出几道数学题，久而久之，布莱德雷对数学运算产生了浓厚的兴趣。这一点，对布莱德雷一生的发展有着重要的影响，后来他还在西点军校教过数学。更重要的是，对数学的浓厚兴趣和专长，锻炼了布莱德雷的思维，在指挥大军与敌人作战时，布莱德雷总是计划得非常有条理，严谨有度。

作为一个乡下孩子，布莱德雷没有享受过娇宠和溺爱，但他的童年依然充满着欢乐。在家里，布莱德雷喜欢玩战争游戏，他用骨牌筑垒城堡，用0.22英寸（约0.56厘米）口径的空弹壳表示散兵线，用空心芦杆或钢管做成“重型火炮”，还用蚕豆做海军的炮弹轰击骨牌堡垒。在每次的战争游戏中，布莱德雷总是指挥美国一方取胜。家庭生活并不宽裕，布莱德雷的父亲经常外出打猎以维持生计。餐桌上的肉食，包括野兔、松鼠、鹌鹑、野鸭等等都是父亲用双管猎枪打来的。正是由于父亲具有打猎这一特长，布莱德雷也跟父亲练就了一手好枪法。

6岁时，父亲就给了布莱德雷一支气枪，带他去打猎。慢慢地，父亲又给他换了一支单发步枪。打猎不仅锻炼了布莱德雷观察目标的灵敏性，还使他的身体非常强健、敏捷。

有一次，布莱德雷和表兄一起在草地上玩耍，他让表兄把一只鸡蛋抛向空中，自己要试试枪法。可爱的表兄把鸡蛋垂直地抛向空中，布莱德雷举枪便射。结果，鸡蛋在空中开花，全溅在表兄的头发上。

布莱德雷的母亲是当地最普通的标准的贤妻良母，她勤劳、朴实而刚强。每天起早贪黑地操持家务，抚育着三个孩子。除了缝补衣服、烤面包、整理家里杂乱的小木屋等活计外，她还要去种菜，供应一家五口食用。由于无钱购买马车，父亲则早早步行去学校上课。

布莱德雷的父母都是感情丰富但不外露的人，也从不固执己见。在政治上，父亲和大多数人一样，属“童子演说家”威廉·詹宁斯所说的那种“人民党人”，同情贫苦农民，支持限制强盗式巨商大贾的限制法案。其实，布莱德雷的父亲没有任何政治野心，一家人最多在餐桌上讨论一下有关的政治问题。也许是受家庭的影响，布莱德雷也是一位感情丰富但极少外露的人，同时也不热衷于政治。

布莱德雷一家都是基督教徒，父母过着一种基督徒式的生活，每逢星期日，全家人都要穿上最好的衣服去教堂。

1905 年布莱德雷 12 岁时，全家迁入了克拉克村附近的希比镇。父母花了 515 美元买下了一所小房子，但其中 450 美元是抵押家产的贷款，父亲仅付了 65 美元现金。为买房子，家里欠了一笔不小的债务。迁居后，布莱德雷进入了城镇的公立学校读书，但父亲依然在乡村学校教书。每天，他要往返 30 多千米的路程。为了还清债务，母亲承担了管理一个仅有 90 家用户的乡村电话交换台的工作，以多挣一点钱。这个小小的电话交换台就设在家里，全家人轮流值班。这一年，布莱德雷考上了八年级，结识了很多新同学。论年龄，布莱德雷是全班 22 名男女同学中最小的一个，但成绩名列前茅，各科平均分数是 94 分。

父亲以执教鞭获取一些收入，母亲带领全家在电话交换台上辛勤工作，家里虽有了双份收入，但仍然非常贫困。不得已，布莱德雷的父亲就去捕获野兽、采集蜂蜜或药材，换来一些额外收入以维持全家的生计。在读书之余，布莱德雷或去打猎，或帮助父亲做一些力所能及的工作。一旦有空，布莱德雷就和小伙伴们一起打棒球或游泳。对他来说，生活虽清苦，但充满欢乐。但这种生活没有维持到布莱德雷成年，家中便发生了不幸。

父亲早逝举家迁移

1907年至1908年初，冬天的天气分外寒冷，布莱德雷的父亲依旧在埃贝尼泽学校任教，每天在寒风凛冽之中往返10千米，奔波于家里和学校之间。

1908年1月，布莱德雷的父亲拖着病体赶回家里，他再也坚持不下去了，医生断定他患了肺炎。在那个年代，还没有良好的医疗条件。不久，因长期劳累而卧病在床的老布莱德雷中年早逝，死去那年还不足41岁。面对失去父亲的打击，不满15岁的布莱德雷也病倒了，少年丧父的悲痛击倒了他。父亲出殡的那天，布莱德雷患重感冒躺在床上，慈祥的母亲害怕他病情加重，未让他参加葬礼。在乡亲们的帮助下，布莱德雷的父亲长眠在山坡上的小树丛中。从此，布莱德雷失去了父爱，家中也失去了支柱，一家人深深感到孤立无援，生活无望。更艰难的是，父亲为购买房子而遗留下来的债务，重重地压在了母亲的肩上。在短短的15年中，布莱德雷从父亲那里得到了终生受益的品质，在他身上兼备了坚强的性格和克制忍让的秉性。更重要的是，布莱德雷能像父亲那样吃苦耐劳，准备应付生活的挑战。除了这些，布莱德雷还继承了父亲擅长狩猎的特长，并十分喜好体育运动。

父亲去世后的几个月，布莱德雷的母亲决定举家迁往莫伯利，那是一个比希比镇稍大的镇子，镇上有沃巴什铁路工厂和布朗制鞋公司等厂家。为维持生活，布莱德雷的母亲只好去做职业裁缝。家里租的房子，还接纳了两名交费的住宿生，以减少开支。布莱德雷一边上莫伯利高中，一边在课余卖报，换取一点零用钱。同时，布莱德雷的母亲把原来抵押的房子租给了别人，这样，家里的生活基本上能够维持了。

高中生活

在学校里，布莱德雷热衷于体育活动，参加了非正式的田径队和棒球队。学校没有正式的运动队，实际上这些非正式的运动队就是最好的学校运动队。布莱德雷擅长棒球，被誉为“一名优秀的棒球运动员”，他接球熟练，投球远而有力。

1909年2月14日，布莱德雷16岁了，母亲为他举行了洗礼仪式。一家人仍然严守基督教的教规，每个星期天都去做礼拜。逢星期日，布莱德雷还参加教堂主办的星期日学校的学习。结果，他结识了老师尤多拉·奎尔一家。老师是个寡妇，有两个女儿。大女儿玛丽·伊丽莎白生于1892年7月25日，比布莱德雷大半岁。小女儿萨拉·简则比她姐姐小两岁。老师一家住在距布莱德雷家不远的街上，尤多拉·奎尔的丈夫曾是莫伯利市的执法官，1902年死于肺结核。年仅35岁的丈夫留给妻女一笔可观的遗产，与布莱德雷一家相比，贫富相当悬殊。情窦初开的布莱德雷很快就迷上了老师的大女儿玛丽，但是，美丽的玛丽已有了情人。布莱德雷生性有些腼腆，不敢在姑娘面前表露感情，结果是朝思暮想，无可奈何。好在他把注意力放在学业、体育和家务上，没有意志消沉。

1909年秋天，学校发现给布莱德雷定错了年级，于是通知他从一年级直接上三年级。再读一年，布莱德雷就可以高中毕业了。恰巧，布莱德雷与玛丽就在一个班上，两人交往日多，玛丽对布莱德雷也产生了好感。但是，布莱德雷很羞涩，从不敢与玛丽约会。

1909年的冬天，布莱德雷常和一些朋友到森林公园的冰面上去滑冰。一天，他不小心与另一男孩相撞，结果把牙齿撞坏，许多牙齿都松动了。当时，布莱德雷无钱去治疗，此后，他经常受到牙床疼痛的折磨。为了掩饰他杂乱无章的牙齿，布莱德雷在照像时从来不笑，他一生中没有留下一张带笑脸的照片。

1910 年 5 月，布莱德雷以优异的成绩高中毕业了。他的平均成绩是 91.4 分，其中自然科学 96 分，数学 94 分，英语 90 分，历史 85 分。玛丽的成绩比布莱德雷还要好，居全班第三名，她因擅长语言而被同学们封为“语言学家”。布莱德雷的英语稍差，但以数学见长，于是同学们便称他为“数学家”。有趣的是，布莱德雷和玛丽的毕业照片，被无意地排在毕业纪念册同一页的下方，每当他们翻到这一页，都会由衷地感到高兴，并互相惦念着。

贵人相助考西点

布莱德雷高中毕业后不得不考虑自己的前途和终身职业。开始，他决心成为一名律师。这样，他必须先去上大学深造。可是，家里无钱供他上大学。母亲含辛茹苦，整日劳作，也只能勉强养家糊口。买房所欠的债务还没还清，更谈不上供布莱德雷上大学了。没有办法，布莱德雷放弃了上大学的念头，他决心打一年工攒足几百美元，然后上密苏里大学。不久，布莱德雷在锅炉车间谋到了一份修理蒸汽机的差使，这比一般的打工挣钱多。他每周工作 6 天，每天工作 9 小时，计时工资为 17 美分。这样下来，布莱德雷一个月可挣到 40 美元。

相比之下，布莱德雷暗恋的姑娘玛丽的命运就好多了，她借助在明尼苏达州圣克劳德师范学校当教师的姑妈的帮助，前往该校读两年书。若经济条件允许，她还准备到密苏里上大学的后两年。在高中毕业后的几年中，布莱德雷很少与玛丽见面，他们之间的感情仍得不到突飞猛进的发展。

1910 年夏，布莱德雷守寡的母亲开始和一位名叫约翰·罗伯特·马多克斯的农夫相好。年仅 35 岁的母亲实在顶不住生活的压力和精神的孤独，决定再婚。圣诞节那天，布莱德雷的母亲结婚了，继父带来了两个小弟弟，其中大弟弟戴维·拉塞尔 7 岁，小弟弟查尔斯·威廉才 2 岁。不久，布莱德雷的母亲卖掉了在希比镇的房子，县司法长官为其作价 441.2 美元，母亲用这笔钱还清了债务，生活的重担终于卸掉了。

母亲再婚后，家里又添了两个小孩子，她用一天天的忙碌照顾他们，使丈夫有更多的时间去干活。布莱德雷则把继父的孩子当作自己的亲弟弟，对他们爱护有加。一家人总是和和睦睦。对于这一点，布莱德雷深得继父的尊重。家庭的困苦以及母亲宽厚的优良品质深深地影响着布莱德雷，使他能善解人意，谦让宽容。在后来的戎马生涯中，布莱德雷总是能与人友好相处，即使有不同意见，也不轻易显露，给人以稳重、沉着的印象。这也是布莱德雷一生中福星高照、平步青云的一个重要因素。布莱德雷仍然埋头于自己的工作中，一笔一笔地攒钱，准备在1911年秋天进入密苏里大学读书。母亲再婚后已有继父照顾，布莱德雷在一定程度上解除了顾虑。

从布莱德雷的家族看，并没有从军的传统。祖父曾在联邦陆军中当过二等兵，但只是生计所迫。父亲把布莱德雷培养成神枪手，但从未想过让儿子去当兵，他生前希望布莱德雷成为一个医生，或做一个知识分子。

布莱德雷本人也从未有过从军的念头，他根本不知道从军也是一条生活之路。全日学校负责人约翰·克拉森改变了布莱德雷的人生目标，一天，他对布莱德雷说："你为什么不报考西点军校呢?""西点军校?"布莱德雷疑惑不解，他对此一无所知。"我交不起西点军校的学费。"克拉森对布莱德雷的天真报以大笑。他告诉布莱德雷，西点军校不仅免交学费，而且每月还发少量零花钱，很多穷人家的孩子都求之不得呢。"我怎样才能进入西点军校呢?"布莱德雷觉得这是一条新的生活道路。"你必须首先得到一名国会议员的提名选派，然后参加考试。按规定，每个众议员和参议员每四年可向西点军校选送一名学员。"克拉森耐心地教导布莱德雷。

回家以后，布莱德雷把考西点军校的事告诉了母亲。可母亲知道西点军校远在纽约州，离莫伯利千里之遥。她舍不得儿子离开家里。几天以来，布莱德雷始终摆脱不了西点军校的影子，他觉得西点军校是专为他这样的穷光蛋而设立的。他鼓足勇气，工工整整地给密苏里州的议员威廉·M·拉克写了一封恳切的信，表明自己想考西点军校的愿望。不久，远在50千米以外居住的议员来信了，布莱德雷心里怦怦直跳，不知信中说些什么。拉克来信表示了歉意，他说目前没有空额可补，他本人才任议员三年，要等

一年以后才有资格选派考生。布莱德雷大失所望，决计按原计划上密苏里大学。

1911年春天，布莱德雷正在为报考密苏里大学做准备。恰在此时，国会修改了向西点军校选送学员的法案，规定众议员和参议员每三年便可向西点军校选送一名学员。

拉克获知修改法案这一消息后，于6月27日给布莱德雷写了一封信。信中告诉布莱德雷，他已经选送基特斯维尔的一名叫登普西·安德森的男生，但他的智力测验和体格检查均不理想，而候补生又有两项不符要求。拉克客气地告诉布莱德雷，如果他确实想考西点，可以列为选送对象，考试定在7月5日，地点是圣路易斯的杰斐逊兵营。离考试仅有8天了，布莱德雷考虑了两天。他查阅了有关西点军校的资料，知道考试科目包括他已荒疏的地理、几何、代数，还有他最没把握的英语。离开学校后，布莱德雷一直忙于生计，只是在晚上温习一下功课。到第三天，他还没拿定主意，他想，安德森肯定准备了好长时间了，自己鲁莽投考，弄不好会将维持生计的几个钱白白浪费在报考的路程之中。

布莱德雷满腹疑虑地回莫伯利中学找他父亲的朋友——负责人J·C·李利征询意见。他们反复推敲，多方讨论，最后李利劝布莱德雷不妨一试。这时，布莱德雷仍舍不得花一大笔钱前去下这个赌注，打算向巴什铁路请几天假并申请免费车票，如能如愿，他就去闯一闯。铁路当局欣然应允，7月4日，布莱德雷踏上了赴考的征程。迈出这一步，对他而言是多么艰难，生活的窘迫以及对考试的毫无把握，紧紧困扰着他那弱小的心。

考试设在杰斐逊兵营，这次前来应试的学生共有12人，包括正式生和候补生。布莱德雷直接的竞争者安德森自然也在其中。他是基特斯维尔前任司法长官的养子，其父是拉克议员的密友。安德森为考西点军校足足准备了一年，布莱德雷获知这一点后几乎吓破了胆。考试安排在4天中进行，每门考4个小时。考代数那天，布莱德雷几乎要彻底气馁了。这门课及格分数是做完67%的试题，布莱德雷冥思苦想，怎么也做不下去。2小时过去了，他才完成不到20%的题目。

心灰意懒的布莱德雷收起试卷，准备提前退出考场。可是，当他走到监考官那里交卷时，全神贯注地在看书的监考官连头都不抬。布莱德雷生怕打扰考官，硬着头皮又回到座位上去。正在此时，布莱德雷忽然来了灵感，思路变得清晰起来，他赶忙伏案操作。4 小时考试结束时，布莱德雷奇迹般地做完了 67% 的题目。剩下的课程，布莱德雷也坚持做完了。他感到考题很难，但自己尽了最大的努力。

布莱德雷没抱什么希望和幻想，又回到了他熟悉的车间去打工。他认为，自己的考试成绩肯定不理想，也没有什么社会关系。报考西点军校的考生，多多少少都有点社会关系。特别是布莱德雷的竞争对手安德森，他是高官的养子，又有拉克议员力荐。按常规，布莱德雷根本没有被录取的可能。

西点锻造

西点军校全称是“美国陆军军官学校”，该校是根据 1802 年 7 月 4 日国会通过的法案而建立的以培养陆军初级军官为目标的初级院校。西点军校因培养出无数的杰出将领而名震世界，它坐落在美国纽约市北边约 80 千米的地方，东邻哈得逊河。

虽是一所陆军初级院校，西点军校却被称为“美国将军的摇篮”。在校园中，设有许多伟大将领的纪念室，如格兰特纪念室、罗伯特·李纪念室、谢尔曼纪念室等，目的是向每一届新学员灌输学校的传统和精神。格兰特是美国南北战争时期北方的名将，并于 1869 ~ 1877 年任美国第 18 任总统；谢尔曼则是南北战争时期北方军队的西线指挥官，声名显赫；罗伯特·李与上述二人不同，他是南方军队的司令。有趣的是，北方的格兰特和南方的李将军均出自美国另一位名将温菲尔德·斯科特的门下，斯科特本人死后还葬于西点军校。

喜从天降

布莱德雷考完试以后又回到车间打工，他对西点军校的光辉历史一无所知，更想象不出“西点人”是什么模样。作为一名贫穷的乡下孩子，他不敢有什么奢望。从内心深处，他只想到西点军校是为穷人的孩子开办的，那里可以免费求学。

1911 年 7 月 27 日，这是布莱德雷一生难忘的日子，那天他收到了一封改变他命运的电报。那封电报通知他，他已考取西点军校，并命令他在 8 月 1 日中午以前到校报到。“西点军校录取了我？会不会弄错？”这是布莱德雷看完电报后的第一个反应。喜从天降弄得布莱德雷不知所措，他呆呆地盯着电文，觉得自己在做梦。

待他清醒过来时，布莱德雷仍觉得这可能是一个错误，他回想起考试的情景，不相信自己能被西点军校录取。于是，布莱德雷匆忙地去给自己的竞争对手安德森打电话，证实电报的可靠性。

安德森坚定地告诉布莱德雷，他自己根本没收到任何电报，并肯定被录取者是布莱德雷。第二天，即 7 月 28 日，布莱德雷收到了拉克议员的来信。拉克代表官方通知布莱德雷：登普西 · 安德森因有些科目不及格而落选了，布莱德雷的所有考试科目都合格，他是这场竞争的胜利者。布莱德雷看完信后欣喜若狂，赶紧向母亲报喜。

拉克议员还在信中一再表示，布莱德雷在毫无准备的情况下仓促应考，并取得了优异成绩，这也是他的光荣。拉克衷心地祝贺布莱德雷考试成功，从而成为西点军校光荣的一员。最后，拉克议员还鼓励布莱德雷，坚信他能胜任西点军校的学习，将来能在军队中担任高职。

一阵欢乐之后，布莱德雷又开始感到内疚，在这次应考中，他总觉得自己抢夺了本该属于安德森的机会。于是，他又主动地给安德森打电话，并要安德森去西点军校。安德森非常佩服布莱德雷的为人和勇气，他坚决拒绝了布莱德雷的善意：“不！你是胜利者。”命运的突然改变多少给家里带来了喜气，母亲舍不得独子的离开，喜悦中带有忧伤。家里依然很拮据，布莱德雷搜罗了一堆衣物，打上包裹托运到西点军校。7 月 30 日下午，布莱德雷手里提着仅装有一套换洗衣服的手提箱，带着100美元现钞独自向莫伯利车站走去。临行前，母亲千叮咛，万嘱咐，要他保重身体，少花钱，经常给家里来信。

西点生活

8月1日，布莱德雷兴致勃勃地向西点军校值班中士报告：“报告，考生布莱德雷前来报到，请求分配任务。”1911年，西点军校共有600名学员，规模还不大。布莱德雷这一届学员占了265人，占全校学员人数的44%。按计划，这一届学员正式报到的日期是6月14日，因法律改变而推迟报到的学员共有14人，包括布莱德雷在内。当推迟报到的学员赶到西点军校时，大部分学员已到被称为“大平原”的夏令营进行为期7周的艰苦训练了，学员们称这种训练为“劳役”，意指非常严格、艰苦。对迟到的14名学员，学校当局冷眼看待，在他们升入高年级之前，谁也没指望升为军士或军官。

“大平原”训练的目的是向学员灌输军事生活的准则。近似野蛮的训练从基本的野战训练开始，学员们住在帐篷里，每天进行队列训练、背包行军、站岗放哨以及布置射击场等科目的训练。教官们和高年级学员常用粗暴生硬的方法来训练新学员：“挺胸！收腹！再挺一些！再挺一些！头抬高！下巴往里收！”这些口令，不容任何一个人反应迟钝，要求每一个人都做得百分之百的准确。在“大平原”，无论你是出色的运动员，还是考试的尖子；不管你是娇生惯养的宠儿，还是恃强凌弱的恶棍，都得规规矩矩，服服帖帖。稍有闪失，就会招致一顿臭骂。教官们经常用“浑蛋约翰先生”、“混蛋加德先生”这一类的称呼代替学员的名字。学员们在此必须告别平民生活，甚至也告别了原来的名字。布莱德雷本是苦孩子出身，他对这些训练没有大的不适应，至少不用叫苦连天。

高年级学员戏弄低年级学员的做法在这时十分风行。他们经常要低年级学员长时间地伸臂平举体操棒，或者双腿在桌下伸直，还经常处罚新学员俯身在一根柱子上做出游泳的姿势，如此等等。新学员不得违抗命令，他们能说的唯一一句话是：“是，长官！”

在日常的训练中，新学员要学会如何铺床叠被、打扫卫生、整理内务和放置步枪，连何时刮脸、擦鞋等都有明确规定。在“大平原”，布莱德雷编入了早已到达的大队人马中。当时，全校600名学员编成6个连，每个连100人，按个头高低编成。布莱德雷头一年编入了第1连，第二年又调到第6连一直到毕业。布莱德雷在射击训练中成绩非常优秀，经常打中靶心，这得益于他在密苏里打猎多年的经历。这一点，同班的学员望尘莫及。

西点军校的训练是残酷无情的，甚至可以称得上是对人的一种折磨。对于这种训练，布莱德雷后来称之为“具有积极作用的副产品”。高年级学员对低年级学员的捉弄和处罚，磨练了人的意志，它让人牢牢记住了等级、权势，教会每个人无条件地、迅速地执行命令。

训练是用纪律来维持的，行政记过或“训斥”是强迫学员执行命令的手段。每一个学员每月允许记过9次，超过1次，就得扛着步枪在指定的地方走1小时。这种带有羞辱性的惩罚，布莱德雷也挨过多次。一次是因为他的步枪碰到了帽子，另一次则是因在就餐时衣领没有整理好。西点军校的行为准则是“义务、荣誉、国家”，它要求学员忠诚老实，而且是永远忠诚，绝对服从。对于违犯纪律的行为，每个人都要敢于揭发报告。对自己的所作所为，也要如实报告，撒谎和欺骗则会被立即除名。

20世纪初，美国的政治、经济、技术以及社会风气都在发生变化，而西点军校仍恪守它的传统，声称它“不是改革的对象”。他们仍用固有的方式、方法训练学员，让学员过着一种斯巴达式的生活。

冬天，学员住在冰窖一般的房子里；夏天，房间热得像火炉，食物也相当粗糙无味。但是，这种生活养成了每个人的军人品质，把学员敲打、塑造、锤炼成绅士和优秀的军官。在课程上，西点军校侧重于土木工程和军事工程，内容极为狭窄，只开少量的文科和社会科学课程，教学内容则是多年或十几年一贯制，很少更改。布莱德雷擅长数学和抽象思维，在学习上并不费力气，还一直帮助同室的一位叫本杰明·W·米尔斯的同学。米尔斯来自南方的佛罗里达，缺乏生气，一直违犯校规偷偷吸烟。布莱德雷在很长一段时间里都要辅导他的数学和自然科学课程，否则他连一年级都混不过去。

尽管学习和训练是那么枯燥无味，西点军校的业余生活还是丰富多彩的，倡导体育运动便是其一大特色。学校里有各种代表队，并经常参加院校间的体育比赛，项目包括摔跤、拳击、马术、击剑、游泳、足球、篮球和棒球。大家十分崇拜那些优秀的运动员，捧之为“明星”。那些体育尖子享有与普通学员不同的“待遇”。

布莱德雷从一年级起就加入了打棒球的行列，不久便被誉为“击球正确、掷球准确，擅打曲线球，臂力好”的优秀选手。1912 年，布莱德雷入选西点军校棒球代表队，得到了高年级学员的“承认”，和他们一起参加训练和比赛。渐渐地，布莱德雷对高年级学员不必总称“长官”了。

1912 年秋天，布莱德雷参加了各种比赛，他的同班同学艾森豪威尔前锋因膝盖受伤而被迫退出球队，只好去当啦啦队长。艾森豪威尔是德国人的后裔，他的祖先最早于 18 世纪移居北美，后辗转定居得克萨斯州。德怀特·艾森豪威尔出生于 1890 年，他是父母生养的第三个儿子，他的降生又给家里增添了困难，父母只能靠做工维持生活。因此，艾森豪威尔和布莱德雷的处境大体相同。他高中毕业后也因经济拮据而辍学，企图靠打工来挣些钱，然后再上大学。后来，在好友哈兹利特的鼓动下，艾森豪威尔报考了“安纳波利斯”海军学院，后因超龄（已满 19 岁）而未如愿。由于西点军校对学员的年龄限制不那么严格，艾森豪威尔便在州议员的推荐下报考了西点军校，成为布莱德雷的同班同学。艾森豪威尔是一位相貌堂堂、笑口常开的人。他性格开朗，善于交际，很讨人喜欢。

在学习上，艾森豪威尔不怎么用功，也不在乎军阶的高低，多次因违纪而降衔。有一次甚至从厕所逃出军营，租船到哈得逊河上游的纽堡镇去大吃一顿。由于艾森豪威尔能很轻松地对付学校的课程，自己又喜好交际，因而他把很大一部分精力放在体育活动上，结交各路豪杰。在 1912 年 11 月 13 日的比赛中，历来所向披靡的艾森豪威尔不幸膝盖受伤，在医院里住了一个多月。直到三年级，他走路还是一颠一跛的。在此后的戎马生涯中，艾森豪威尔经常受膝伤的困扰。

在西点军校，布莱德雷与艾森豪威尔的关系很平常，在体育活动中接触比较多，但关系并不特殊。艾森豪威尔在西点军校担负起啦啦队长时，表现出杰出的领导才能，不过，当时谁也没想到他日后会成为盟军最高司令和美国总统。

1913 年，布莱德雷这一届学员被核准休假了，他返回家乡莫伯利与家人团聚，其乐融融。在为期两个半月的休假中，布莱德雷每周在莫伯利半职业体育代表队中参加 3 次棒球比赛。更重要的是，布莱德雷一直钟情的玛丽·奎尔已经从圣克劳德师范学校读完二年的课程，并在明尼苏达州艾伯特利的一所中学任教。这次，玛丽也回家过暑假，布莱德雷得以和玛丽频繁接触。两人常和亲友外出野餐，或到基督教堂参加集会，或去戏院看戏，或坐在玛丽家的门廊里聊天。假期结束后，玛丽和妹妹萨拉·简将前往哥伦比亚，奎尔夫人要她们在那里上走读大学。布莱德雷与玛丽分别时，依依不舍，他们相约每月通信一次，爱情的种子已深深地在俩人心里扎下了根。

1914 ~ 1915 年是布莱德雷在西点军校的最后一年。在 14 名候补学员中，布莱德雷第一个被提升为第 6 连的中士学员，后来又晋升为少尉学员。不幸的是，1914 年才成为校橄榄球代表队队员的布莱德雷也在比赛中弄伤了膝盖。

第一次世界大战的爆发未能对保守的西点军校产生丝毫影响，它远离尘世，因循守旧，教学内容仍以南北战争时期的英雄事迹和战例为主。战争中新出现的战术、技术几乎传不到校园中来。布莱德雷只好从公开出版的报纸和杂志中了解战争的动态。

1915 年 6 月，布莱德雷从西点军校毕业了。体育活动太多影响了布莱德雷的成绩。第一学年，布莱德雷的成绩在全年级居第 49 名，二年级降到了第 53 名，三年级又跃升为第 43 名。毕业时，布莱德雷居 164 名毕业学员中的第 44 名，艾森豪威尔的名次是第 61 名。西点军校 1915 届学员入学时共有 265 名学员，第一学年结束时，许多学员被淘汰，人数减为 212 名。到第四年，仅有 164 名学员毕业。布莱德雷能顺利度过四年的严格训练和艰苦的学习，并居全年级第 44 名，已经相当优秀了。布莱德雷的数学成绩相当优秀，但英语这一门课的成绩又最差，结果拖了后腿，影响了他的名次。

特别需要指出的是，布莱德雷所在的班级后来成了西点军校历史上最负盛名的“明星辈出的班级”。164 名毕业学员中，有 59 人后来获得准将或准将以上军衔，真可谓是“将星之班”。

征战无缘

1915 年布莱德雷毕业时，美国陆军仍然实行“分兵种”晋升的制度。当工程兵和炮兵比加入步兵晋级更快。于是，布莱德雷的同学都争先恐后地要加入工程兵和野战炮兵的行列。布莱德雷依次申请过加入工程兵与炮兵，最后因成绩居中，无法实现自己的理想，只好到步兵部队去服役。一段时间以来，布莱德雷对选择步兵很失望。到 1916 年，陆军废除了“分兵种”晋级的办法，那些自以为能更快晋级的同学失去了原有的优势。由于旧制度的废除，在步兵服役的人有了更多的晋升机会。

从西点军校毕业到正式在部队服役，布莱德雷和所有的同学均可享受 3 个月的毕业假。此时，第一次世界大战的战火正炽，然而美国表面上仍严守“中立”，只是墨西哥边关偶有战事。布莱德雷这些新毕业的学员仍可从容地享受假期。

1915 年 6 月 12 日至 9 月 12 日，布莱德雷在经历了四年紧张的学习和艰苦的训练后回到家乡莫伯利度假。这是一个轻松、美好的夏天，布莱德雷和母亲、继父，还有两个小弟弟一起住在城北的农场里，那里的田园风光令人陶醉。自由自在的生活使布莱德雷得以完全放松自己的身心。

这个假期也是布莱德雷摘取爱情果实的季节，他的爱情和婚姻有了突破性的进展。

一直与布莱德雷保持通信联系的玛丽读完了密苏里大学三年级，玛丽经常到莫伯利来看望好友罗斯、理查森。自然，布莱德雷便得以和玛丽经常见面。他们有时一起去野餐，有时去戏院看戏，更多的时候是在一起散步、聊天。在中学时代，布莱德雷从未和姑娘约会过，也未能与玛丽独处过。在西点军校，布莱德雷也不敢跨越雷池一步，仅陪同过一位姑娘跳过

一次舞。当玛丽单独和他在一起时，布莱德雷不免有些局促不安。玛丽吸引布莱德雷的地方，是她的美丽、开朗和有远大抱负。她像布莱德雷的母亲那样盛气凌人，坚强无畏，爱憎分明。但对布莱德雷，玛丽却柔情似水、百依百顺，使布莱德雷的不安情绪日渐消退，代之的是一股男子汉气概。在整个假期里，布莱德雷除打棒球外，很大一部分时间是和玛丽呆在一起的。假期快结束时，布莱德雷和玛丽都觉得难分难舍。有一天，布莱德雷鼓足勇气，送给玛丽一枚镶着一颗宝石的白金戒指，与玛丽正式订婚，约好在1916年玛丽大学毕业时就结婚。

1915年9月12日，布莱德雷奉命到第14步兵团报到。他的同学艾森豪威尔申请去菲律宾未成，被分配到得克萨斯州圣安东尼奥郊外的休斯敦萨姆堡驻防。第二年，艾森豪威尔又调到新成立的陆军正规部队——第57步兵团任军需官。

布莱德雷所在的第14步兵团归R·H·威尔逊上校指挥，该团下辖分散驻防而且不满员的3个营。第1营执行勤务，驻扎在荒无人烟的阿拉斯加边境；第2营驻扎在华盛顿州西雅图附近的劳弗顿堡；布莱德雷被分配在第3营，该营驻扎在洛基山脉西麓斯波坎郊外的乔治·赖特堡。最后，布莱德雷被营长A·J·哈里斯派到下属的第11连，该连连长是威尔伯·A·麦克丹尼尔。

美国陆军军官的军衔平时是晋升十分缓慢的，连长麦克丹尼尔从17年前美西战争时就开始服役，现在仍是个上尉；西点军校1909届毕业生埃德温·福雷斯特·哈丁已经29岁，现仍是个少尉。哈丁学识渊博、聪慧过人，对军事专业的知识有较深造诣，但他在陆军干了6年，还未能升迁。布莱德雷到第11连后，被分配和另4名少尉住在一起，哈丁住在这个三居室的小房间里，整个套间住着5个人。刚到部队服役的布莱德雷少尉，立即感到自己在学识方面的不足。每周，哈丁少尉都要组织一次非正式的集会，6名在职少尉集合在一起讨论小分队战术，诸如班、排进攻战术等等。哈丁在聚会中显示出深厚的军事专业功底，令布莱德雷自愧弗如，布莱德雷对哈丁的才能佩服不已，并暗下决心钻研军事专业知识。

驻防工作十分轻松、愉快。军官们早上7时布置各项任务，上午进行队

列操练或步枪射击，偶尔进行一些班、排进攻演练。下午和晚上则自由支配，军官们可根据兴趣自由活动。布莱德雷时而去跳跳舞，时而去散步或看电影。后来，他干脆花 40 美元买了一支 12 毫米口径的猎枪，重操打猎旧业。布莱德雷自认为打猎既可锻炼自己的反应能力，又可享受大自然风光。

当然，更重要的是使生活更富有乐趣。冬天里，北方的天气异常寒冷，连队的士兵受不了隆冬的侵袭，许多人开小差，禁闭室里挤满了人。布莱德雷根据在西点军校学到的一点法律基础知识，为开小差的士兵辩护。后来，上司干脆调他去做法庭的成员。

隆冬影响了全营的野外训练，营长最后决定在 4 个连之间组织体育比赛代替室外的活动。这些比赛包括拳击、摔跤、跳高和棒球等项目。布莱德雷在西点军校的体育特长发挥了作用，他被连长指定为本连的体育教练。在平时，美国陆军十分重视体育比赛，优胜者可获得很高的荣誉。在体育比赛中涌现的拔尖人物，升迁往往比一般人快一些。布莱德雷很快意识到，自己的体育特长或许将影响自己的命运，帮助自己更快地得到提升。此后，布莱德雷一直注意发挥体育方面的优势，一旦有机会，他总是充当教练或亲自参加比赛，熟悉各式各样的人物，结交朋友。

在第 14 步兵团服役一段时间后，布莱德雷便觉得有点平淡乏味了。正在此时，墨西哥的战事似乎给布莱德雷提供了一次参加实战的机会。

墨西哥的战事由来已久。1910 年，墨西哥爆发了资产阶级革命，美国曾派出 10 万大军企图实施武装干涉。1913 年，美国支持了亲美的胡尔塔政权，推翻了马德罗政府。但是，好景不长，维努斯蒂亚诺·卡兰萨发动了起义，迫使美国承认以卡兰萨为首的政权。卡兰萨掌权后，不顾农民的要求，损害了其利益，导致原来追随他的潘乔·比利亚又起来反对卡兰萨。

1914 年 12 月，比利亚和萨帕塔率农民起义联军进攻墨西哥城并将其拿下。1916 年 1 月 10 日，比利亚的起义军袭击了墨西哥奇瓦瓦附近的一列火车，16 名美国人被打死。3 月 9 日夜，起义军的 1500 名士兵又袭击了美国新墨西哥州的哥伦布，与小股美军发生激战，8 名美军被打死，这样就埋下了美军出兵的导火索。

面对墨西哥的紧张态势，美国总统威尔逊和新任陆军部长牛顿·D·贝克决定出兵镇压墨西哥的农民起义军，卡兰萨也默许约翰·J·潘兴准将率5000人组成的远征军入境。1916年3月18日，潘兴率军越过国境。潘兴准将出兵墨西哥时，正在赖利堡骑兵部队服役的1909届西点军校毕业生乔治·S·巴顿通过关系也跟随潘兴出征。巴顿生性好战，追求功名，视战争为生命。经过一番努力，他如愿以偿地当上了潘兴的临时副官，并在一次小规模的战斗中大出风头，被捧为“英雄”。

1916年4月，卡兰萨决定结束战争，美军在墨西哥遂成了负担。4月12日，卡兰萨为驱逐美军而向潘兴的部队发动攻击，并限其立即撤走，美国政府与卡兰萨政权的冲突开始明朗化。尽管这样，美国仍要求卡兰萨控制住比利亚的起义军，以免其攻击美国军队。

不久，比利亚的起义军攻击了美国得克萨斯州的格伦斯普林，导致卡兰萨与美国政府间的相互指责，双方矛盾更加激化，谈判破裂。卡兰萨甚至宣称要与美国全面开战。在这种背景下，美国采取了相应的行动。

1916年5月9日，美国陆军部决定将得克萨斯、新墨西哥、亚利桑那3个州的国民警卫队归入现役部队，他们将和正规陆军的大部分战斗部队一起准备进攻墨西哥。布莱德雷所在的第14步兵团也接到了立即开赴前线的命令。

1916年5月11日12时45分，第14步兵团的马匹、骡子、辎重车辆、武器等物资，装上一列火车随部队出发了。布莱德雷不像那位以战争为天职的巴顿那样对参战有浓厚的兴趣。驻防虽然平淡无奇，可一旦参加战争，布莱德雷的婚期就要延迟。因此，布莱德雷进退两难，他视这个时候出征为苦差使，这令他非常尴尬。按约定，布莱德雷将在一个月后与玛丽在莫伯利结婚，并安排了假期。现在，边关告急，布莱德雷只好写信给玛丽表示要无限期地推迟结婚的日子。不料，《莫伯利民主党人报》不知内情，公然用醒目标题宣称“奥马尔·布莱德雷少尉与玛丽·奎尔小姐婚期在即，战争使婚期推迟”。

玛丽见了报纸，十分恼怒，她不愿将此事如此张扬。布莱德雷只好慢慢解释，以期消除误会。布莱德雷向玛丽保证，一旦条件许可，他们就立即举行婚礼。有趣的是，在以后的征战生涯中与布莱德雷并肩战斗的巴顿，

与布莱德雷此时的表现截然相反，他好战成性，甚至将妻子和两个小女儿也接到艰苦荒蛮的边塞去受苦。

实际上，布莱德雷与玛丽的婚期因战事而推迟倒也是好事。玛丽大学毕业后没几天，就患伤寒病住进了医院，几个月内身体都十分虚弱，头发也快掉光了，骨瘦如柴。这种状况十分不宜结婚。

除了第1营仍留在阿拉斯加驻防外，第14步兵团的全部人马都开拔到了亚利桑那州的道格拉斯，驻扎在道格拉斯以东的荒漠上。同时驻在道格拉斯的部队还有第11、第18步兵团和一个国民警卫团。得克萨斯和新墨西哥二个州也有同样规模的部队。美军频繁调动，让人感到与墨西哥的大战一触即发。

1916年6月3日，国会在战争的叫嚣声中通过了国防法令，废除了按兵种晋升的制度。步兵和工程兵、炮兵至少获得了同等的晋升机会，布莱德雷为自己选择了步兵而高兴万分，不像刚从西点军校毕业时那样心情郁闷了。国防法令还规定：5年内将美国正规陆军扩编为65个步兵团，人数将达17.5万人，国民警卫队的13万人也被征召起来参加战斗。墨西哥边境一时屯兵15.9万人，其中国民警卫队占11万人。

两军对峙、剑拔弩张的态势没有维持多久，外交谈判一下子使局势缓和了下来。调防在边关的部队也似乎无事可做了。布莱德雷庆幸战事没有发展，他可以早日与玛丽结婚了。部队仍驻防道格拉斯，布莱德雷除负责管理一个靶场外，就是当本团的棒球队教练。

1916年5月，巴顿率小分队乘汽车作战，打死了赫赫有名的卡德纳斯，这个小小的遭遇战成了美军战史上摩托化作战的雏形。巴顿因此而制造了自己的神话，被报纸捧成“美利坚的英雄”。布莱德雷在这次出征中没遇上真正的战斗，不像巴顿那样出尽了风头。

局势缓和后，第14步兵团也曾用卡车护送部队进行了一次试验性的“摩托化行军”，布莱德雷视之为“富有传奇色彩”的壮举，并用西点军校就读时所买的照像机拍了很多照片。

1916年9月20日，布莱德雷所在的第14步兵团移防亚利桑那州的尤马。10月，原先不满于当步兵的布莱德雷因祸得福，他由于陆军的扩充和国防法令的颁布而自然升为中尉，月薪从141.67美元一下子涨到206美元。布莱德雷服役才17个月就从少尉升为中尉，他对此十分得意。哈丁在陆军干了7年少尉，现在才升为中尉，相比之中，布莱德雷感到非常心满意足。

12月28日，这是布莱德雷大喜的日子。他与玛丽分别15个月后终于有机会结婚了。婚礼非常简朴，是在哥伦比亚玛丽·奎尔家的好友斯波丁教授家中举行的。新娘病体已愈，但头发仍未完全长好，身体虚弱，布莱德雷对玛丽温柔有加，恩爱情深。为了节约开支，布莱德雷没有让母亲、继父前来参加婚礼，家里仍然一贫如洗。度完蜜月后，布莱德雷携新婚娇妻于1917年1月11日在驻地尤马安了家。墨西哥的战事平息后，美国上下相互指责成风，美军也就处在无人管束的境地中。尤马遍地风沙，草木不生。布莱德雷的业余消遣，也只有和其他军官一起轮流去喝茶或咖啡。几周以后，布莱德雷便厌倦了这种无聊的生活，他决定申请去阿拉斯加的第1营。申请递交后，批复命令迟迟没有下来，按常规，调动要到夏天才能成行。布莱德雷耐着性子呆在尤马，等待离开尤马的日子。

墨西哥的战事平静下来了，第一次世界大战却进入了白热化的时期。1917年4月6日，美国撕下了“中立”的招牌，宣布对德开战。5月18日，美国国会颁布了有史以来第一次兵员动员法令，扩军备战。法令规定：凡21~30岁之间的男子均要登记和应征；正规陆军扩编到17.5万人，国民警卫队扩编到50万人。此外，还要征召50万人的“国民陆军”作预备队。经3个月的训练后，整个陆军的人数将达100万人左右。

1917年5月20日，第14步兵团奉命调往太平洋沿岸华盛顿州的温哥华兵营，任务待定。原防区由第35步兵团下辖的步兵营接管。结果，布莱德雷调往阿拉斯加第1营的命令撤消，改任第14步兵团的军需连长。

离开尤马是令人高兴的，但布莱德雷此时的唯一愿望是赴法参加第一次世界大战。作为一名职业军人，布莱德雷认为实战才是增长才干、考验军人气质的最好时机。作为西点军校的毕业生，布莱德雷急切希望能有所作为，建立战功。调防温哥华兵营后，布莱德雷积极寻机去参战。巴顿因在墨西哥的杰出表现而得到潘兴将军的赏识，获得了“斗士”的美名。自然而然，在潘兴将军率军首批赴法参战时，巴顿得以随行。到达法国后，

敏锐的巴顿对坦克这一新式武器产生了浓厚的兴趣，他决定投身于崭新的坦克事业。

1917 年 10 月，巴顿少校奉命组建坦克学校。之后不久，巴顿率坦克旅配合步兵作战，以英勇善战而获“美国第一坦克手”的美名。第一次世界大战结束前，不到 33 岁的巴顿已晋升为上校，并获得了“优异服务十字勋章”和“优异服务勋章”。与布莱德雷相比，巴顿已名声远扬，战功卓著。

布莱德雷深知赴法参战的重要性，但是，理想总是被残酷的现实击碎。缺少第 1 营的第 14 步兵团调防温哥华后，即接到招募和输送新兵的任务，这意味着布莱德雷无缘赴法参战了。此后的 16 个月中，布莱德雷总是心灰意冷。失去赴法参战机会的苦恼，苦苦煎熬着布莱德雷。最后，布莱德雷准备离开第 14 步兵团，调往一支有机会参战的部队服役。结果，一切努力均未见效，布莱德雷于 1918 年 1 月中旬大战结束前奉命随第 14 步兵团调往蒙大拿州，负责警卫该州各地的铜矿和公共事业。铜是重要的战争物资，蒙大拿州盛产铜，但矿上工人经常罢工，生产无法正常进行。第 14 步兵团的各分队被分配到该州的各个生产点。布莱德雷被任命为第 6 连连长，率全连驻比尤特。全连共有 5 名军官和 86 名士兵。

驻防蒙大拿比尤特期间，布莱德雷的妻子玛丽生下了一个男婴，可他生下来就死了，这是因玛丽患伤寒病所致。比尤特的气温降到了 -40℃，荒凉的边远小镇显得十分凄凉，加上失去了自己的第一个孩子，这令布莱德雷和玛丽伤心不已，悲恸欲绝。婴儿的夭折勾起了布莱德雷的痛苦回忆，他的小弟弟也是早年夭折的，父亲不满 41 岁就逝世了，这些都使布莱德雷难以自持，他甚至在玛丽面前失声痛哭。玛丽的母亲坚持把婴儿的尸体送回莫伯利，埋葬在奥克兰公墓奎尔家族的墓地里，与玛丽的父亲并列。墓碑上刻着：“奥马尔 · N 和玛丽 · 布莱德雷之男婴。”

布莱德雷的第 6 连的任务，无非是阻止工人罢工和暴动，保障铜矿的正常运转。1918 年夏，欧洲的大战结束前，布莱德雷还为自由贷款竞赛作过一些爱国主义演讲，并率连队扑灭过当地的森林大火。有时，布莱德雷还负责对应征青年进行基本队列训练，或组织棒球队参加一些比赛。但这些都不能冲淡他丧子的悲痛和无缘参战的失落。

1918年8月14日，布莱德雷晋升为临时少校，这次升迁多少减轻了他丧子的痛苦和警卫铜矿的乏味感，布莱德雷的情绪慢慢好了起来。9月份，布莱德雷为一纸命令而欣喜若狂，第14步兵团（包括驻阿拉斯加的第1营）奉命调往衣阿华州得梅园附近的道奇兵营。全团作为主力编入新组建的第19步兵师，预定开赴法国参战。布莱德雷升任第2营营长，团长阿曼德·J·拉赛因也是新调来的，他是西点军校1886届毕业生。全团抵达道奇兵营后立即投入了紧张的野战训练。不幸的是，训练刚进行一周，流感袭击了兵营，部队因此减员严重，正常训练中止了。正在此时，从法国传来了德国试图求和的消息，这意味着参战彻底无望，布莱德雷抱怨时运不济，没能赶上参战的末班车。

1918年11月11日，第一次世界大战历经4年后写上了句号。消息传来，人们纷纷涌向街头庆贺这一胜利。布莱德雷由衷地为这场人类的大屠杀的终止而高兴。但同时他也意识到，自己失去了参战机会，也许只能在国内维持一种枯燥乏味的服役生活了。有时，他甚至认为自己一生的前途都十分渺茫，待30年后能晋升到中校就该退休了。

果然不出所料，突然而来的大遣散于1918年12月初便开始了，美国陆军在大战结束前已膨胀到360万人。第19步兵师成了首批遣散的部队之一。布莱德雷所在的第14步兵团有幸保留下来，并于12月11日移防伊利诺斯州罗克福附近的格兰特兵营，其主要职责是保卫那里的政府机关和关闭那里的营房。开拔前夕，布莱德雷花了1067美元买了一辆“道奇”牌四门新式旅游车。

从移防之日到1919年3月期间，布莱德雷在混乱的格兰特兵营又度过了一段无聊的服役生涯。这时，基本队列训练已无法正常进行，大多数人都得过且过混日子。布莱德雷又在考虑自己的出路问题，他不愿这样混下去。1919年3月，驻地发生了一起16名黑人士兵强奸1名白人妇女的事件，布莱德雷被指派为军事法庭的成员。由于这个案件十分复杂、棘手，审判工作一直拖到8月份。7月11日，陆军部突来命令调布莱德雷去海参崴执行“西伯利亚勤务”，并要求于8月15日出发。布莱德雷不愿去这个地方，便借口案件未结而无法执行命令。经过一番周折，陆军部取消了这项命令。

1919年8月25日，布莱德雷按惯例申请到学校任教官的报告获准了。他将去设在布鲁金斯的南达科他州立学院担任“军事科学与战术学”课程的助理教授。这样，布莱德雷可以摆脱那种空虚、乏味的驻防生活，追求更高的目标了。布莱德雷改任教职之时，正是美国大力削减陆军人数的高潮。国防法修正案的规定被搁置在一边，削减正规部队的浪潮一浪高于一浪，来势凶猛。

1921年，陆军裁减到仅有15万人，1000名合格军官被强制解职。布莱德雷逃过了大裁减这一关，对学院的军事教学也兴趣甚浓。可是，在这种江河日下的氛围中，布莱德雷也只好得过且过。

1920年8月，正当布莱德雷准备投入新学年的教学工作时，他接到了一封令人吃惊的电报。

熔炉再铸

原来，电报要求他立即辞去在布鲁金斯的军事教官职务，“刻不容缓”地去西点军校任教官。1920年9月11日，布莱德雷开着道奇牌轿车，携玛丽直奔母校。

一路上，布莱德雷回忆着这两年来的生活。自己失去了赴法参战的机会，却拿起教鞭成了一名教官。要是在西点军校再执教4年，那就成了名副其实的教书匠了。布莱德雷的命运与其他普通军官大体相同，但和已经大出风头的巴顿以及仍旧默默无闻的同学艾森豪威尔却大相径庭。第一次世界大战后，曾在法国大显身手的“坦克兵”巴顿也没有逃脱大裁减的厄运，他于1920年秋离开了附属步兵的坦克部队，重返骑兵，驻防在弗吉尼亚州的迈尔堡。布莱德雷的同班同学艾森豪威尔此时仍在国内，不过他与巴顿有了密切的合作。

1917年，艾森豪威尔所在的第57步兵团驻圣安东尼奥训练，未能赴法参战。1918 年 2 月，艾森豪威尔进修了一段有关坦克的课程后，奉命调往米德兵营的第 65 工兵大队。3 月中旬，艾森豪威尔率领的第 301 坦克营计划开赴法国作战，这令他兴奋不已。

不久，一纸命令夺去了艾森豪威尔的参战机会，他奉命调往宾夕法尼亚州葛底斯堡的科尔兵营，任务是组建装甲部队。10 月 14 日，艾森豪威尔升为暂编中校，并在 28 岁生日那天获知他将于 18 日去法国指挥一支装甲部队，这真是双喜临门，艾森豪威尔脸上荡漾着得意的笑容。可是，艾森豪威尔还未成行，第一次世界大战就接近了尾声。他希望赴法参战的愿望又一次成了泡影，这一点与布莱德雷的经历十分相似。正是缘于艾森豪威尔未能参加第一次世界大战，毫无实战经验，造成了严重的缺憾。艾森豪威尔在第二次世界大战中常遭英军将领蒙哥马利的抨击。面对蒙哥马利的傲慢和指责，艾森豪威尔有时只好忍气吞声，他确实从未指挥过部队作战。

1919 年秋天，艾森豪威尔在米德兵营与赴法归来的“坦克兵”巴顿相识了，他的任务是协助巴顿筹建步兵坦克学校。在此后的几年中，艾森豪威尔和巴顿倾注全部的热情和精力，共同献身于新兴的坦克事业，为之奔走呼吁，阐述新式武器对未来战争的重要性。大裁减风潮来临后，新兴的坦克事业连遭挫折，巴顿和艾森豪威尔的愿望也付诸东流。1922 年 1 月，艾森豪威尔奉陆军参谋长潘兴将军之命随康纳将军奔赴巴拿马服役，巴顿则回到骑兵部队继续当“骑士”。

布莱德雷未能像艾森豪威尔那样对新式武器坦克有所接触。他早早地转入了教学的行列。布莱德雷抵达西点军校任教前，母校已在 39 岁的校长道格拉斯 · 麦克阿瑟的整顿下恢复正常。第一次世界大战抽走了西点军校的所有人马，学校一片混乱。战后，时任陆军参谋长的佩顿 · 马奇亲自选定麦克阿瑟为校长。麦克阿瑟敢想敢干，大刀阔斧地整顿学校。麦克阿瑟的改革设想包括：增设课程；强迫学员参加各式各样的体育活动；废除夏令营恶作剧式的训练；放宽纪律；扩大招生。这些设想引起了很大的争议，很多措施未能获国会的审议。但是，西点军校经过麦克阿瑟之手变得井然有序了。

1920 年秋，学校工作全部恢复正常。布莱德雷就是在这个时候被召回母校任数学系的教官。

西点军校的扩大招生及大量调进教官，造成了住房的紧张。一般来说，军官的住房按军衔和服役年限分配，但大量调入教官，房源紧张，发生了一系列争夺住房的闹剧。许多人被迫住在校外，布莱德雷和玛丽幸运一些，被分在卡勒姆宿舍附近一幢昏暗的四层石头楼房里。后来，他们又搬到一幢较好的房子里住。尽管生活条件较差，但能摆脱单调的部队生活，回到母校任教职，布莱德雷仍感到由衷的高兴。

按惯例，布莱德雷要在西点军校当4年教官，即从1920年至1924年要在母校工作。从他的一生来看，这是布莱德雷的学识及战术思想大大长进的阶段。从此以后，布莱德雷基本上未遇到大的挫折，简直是一帆风顺，平步青云。

西点军校数学系主任查尔斯·P·埃科尔斯上校是布莱德雷就读西点军校时的数学教官，他对布莱德雷印象很深。第一学年，布莱德雷的数学成绩居全年级第32名，很有天赋。这次西点军校扩大招生，急需数学教官，从1904年就在西点军校任教的老师就把布莱德雷匆匆地调来了。

到了数学系，布莱德雷的工作是每星期6个上午和5个下午教一年级的数学，讲授几何和代数。同时，布莱德雷本人参加了由系主任开设的数学进修课，以求提高自己的数学水平。从小时候起，布莱德雷的父亲就注意培养布莱德雷的数学才能，加之布莱德雷勤学好问，颇有天赋，他的数学水平远比英语水平高。布莱德雷不擅写作，他认为钻研数学实际上是研究逻辑学，这非常有益于训练人的思维能力。每当遇到复杂难解的问题或碰到生死攸关的情形，数学才能总能帮助布莱德雷解决问题。

在西点军校，布莱德雷遇到了许多同学和故旧。1917届毕业的杰出人物马修·B·李奇微便是其中的一位，他奉命调回西点军校教授西班牙语。李奇微与布莱德雷曾在西点军校同学两年，他曾任足球队负责人，还在学员时期便显示出惊人的才华和体育特长。这次回母校任教，又被麦克阿瑟校长任命为全校体育运动的负责人，尽管他的军衔才是上尉。布莱德雷十分欣赏李奇微的军人仪表，并和李奇微一样，对未能赴法国参加第一次世界大战而大失所望。平时，布莱德雷常和李奇微一起去打猎或打高尔夫球。

很快地，布莱德雷迷上了打高尔夫球，球艺也大有长进。后来，布莱德雷还在1929年陆军举行的年度高尔夫球锦标赛上取得过第2名的好成绩。

作为教官，布莱德雷有较大的活动空间，可以自由地参加社交活动。但是，布莱德雷生性严肃，克己谨慎。他和玛丽相亲相爱，不抽烟，不喝酒。当时，许多人违犯禁令喝酒，玛丽对此十分反感。布莱德雷恪守夫德，令玛丽非常满意。在业余时间，布莱德雷夫妇的消遣也很多，他们或驱车去纽约进晚餐，或上戏院看戏。玛丽也常和一些军官的妻子一起打桥牌，而布莱德雷则和男伙伴一起打扑克。在打牌中，布莱德雷以保守著称，不到十拿九稳，他决不贸然出牌，结果成了常胜将军，赢得不少钱。从打牌中，也可看出布莱德雷稳重的性格，这在第二次世界大战中表现十分突出，这也是他后来跃居巴顿之上的重要因素。在西点军校，布莱德雷的月薪居于300至350美元之间，这些收入足够他们夫妇开销了。贫寒出身的布莱德雷夫妇从小养成了节俭的习惯，许多同龄人因购买汽车和抚养子女而债台高筑，而布莱德雷夫妇却有一些盈余。

布莱德雷和玛丽一直想养一个孩子，他们的第一个孩子夭折后，再养孩子的问题成了家庭中的首要问题。不幸的是，到西点军校不久，玛丽又流产了，这对他们打击很大。

1923年3月，玛丽再次怀孕，终于在当年12月3日生下一个女婴，取名伊丽莎白。从此，夫妇俩再也没生过孩子。家里添了伊丽莎白后，布莱德雷感到生活困难了些，每月薪金不够开支。于是，他利用假期到哈里曼家族联合企业投资的横跨哈得逊河的桥梁工地上去打工。每天，布莱德雷在工地上干12个小时，挣来10美元的收入。布莱德雷贫苦出身，高中毕业后即以打工为生，这一吃苦精神仍保留了下来。后来，布莱德雷买的股票获了利，家里有了较丰厚的收入，生活殷实了，他才放弃打工。

西点军校此时十分推崇体育活动，热火朝天的体育热浪正好符合布莱德雷的意愿。布莱德雷去一个连队当起了足球教练，他的同学莱曼·W·米勒则在该连当橄榄球教练。实际上，布莱德雷对足球不是那么内行，他与米勒交换了教练位置，结果该连获得了西点军校足球和橄榄球锦标赛的两项冠军，成为赫赫有名的双料冠军。

布莱德雷虽然很喜欢体育活动，也积极参与其中，但是他对麦克阿瑟过分推崇体育有些不满。麦克阿瑟校长主张学员不顾一切地去搞体育活动，甚至可以与学业的位置颠倒过来，这令布莱德雷不敢苟同。有一位名叫沃尔特·E·弗伦奇的1920届新生是杰出的足球和棒球明星，但他的功课奇差。麦克阿瑟偏爱此人，认为他对西点军校的体育活动有着举足轻重的作用，一直不下令除名。布莱德雷反对这种有损西点军校的荣誉和传统的做法。

麦克阿瑟就任西点军校校长职务期间，自己并不得志。他孜然一身，与老母亲生活在一起，平常极少与人交往，像个隐士。布莱德雷在西点军校执教4年，与麦克阿瑟这位传奇将军并无私交，他甚至认为他们两人隔着一条巨大的鸿沟。布莱德雷喜欢有生气的业余生活，但反对放松学校的纪律，尤其反对废除在“大平原”上举行的夏令营活动，认为那是养成军人气质和磨练人的坚强意志的行动，决不可轻易废除。

1921年，陆军部长潘兴将军解除了陆军参谋长佩顿·马奇的陆军参谋长职务，对麦克阿瑟的“改革”也有了结论。潘兴部长也不同意麦克阿瑟的许多做法。

1922年6月，麦克阿瑟没能按惯例干满4年，只当了3年西点军校校长就被解职。1890届西点毕业生弗雷德·W·斯莱登接任西点军校校长。麦克阿瑟袒护的沃尔特·弗伦奇因成绩不佳而被勒令退学。斯莱登校长重新把西点军校拉回到纪律严明的轨道上来，布莱德雷对此十分高兴。布莱德雷在西点军校数学系执教的第三年，进修了一门新课程——画法几何。第四年，布莱德雷被任命为数学系的副教授。除了一直讲授数学并不断钻研数学外，布莱德雷广泛阅读和研究了军事史著作和军事人物传记。布莱德雷对南北战争时期的威廉·T·谢尔曼将军的才能和军事思想尤感兴趣。

在20年代，美国陆军盛行第一次世界大战中的战壕争夺战术，许多人把在法国的作战战术视为永不可变的经典。布莱德雷先行一步，意识到有“运动战大师”之称的谢尔曼的战术思想符合未来的潮流，而法国作战中的战壕争夺战术将会被摒弃。布莱德雷认为，在未来的战争中，运用大部队迅速穿插进敌方腹部才是摧毁对方的最佳方式，运动战将作为主宰未来战争的战术，成为主流。在这一点上，布莱德雷的认识与先人谢尔曼的军事思想不谋而合。布莱德雷是较早摒弃第一次世界大战战法的青年军官之一。当时的巴顿和艾森豪威尔，也对新兴的坦克事业有了研究，看出了机械化、装甲化部队的威力。从这一点看，布莱德雷这一代青年军官能在第二次世界大战中迅速崛起并主宰战场指挥大权，有其深远的思想和历史根源。而许多第一次世界大战中的杰出将领却落伍了。

1924 年春天，布莱德雷在西点军校的任职快满 4 年了，他在考虑下一步的去向问题。从西点军校毕业至今，他在本土已服役 9 年，很希望去海外执行任务。可供他选择的地方无非是波多黎各、巴拿马、夏威夷和菲律宾。布莱德雷递交了去波多黎各的步兵团的申请后，获知马修·李奇微已接到去佐治亚州本宁堡步兵学校的命令。按常规，一个军官不能从一个军校到另一个军校去任职或进修，中间必须到部队或海外服役一段时间。李奇微利用他在陆军部的关系，破了这个例，直接从一个军校去另一个军校。布莱德雷本意也想再去进修，然后再到部队任职。有了李奇微在前破例，布莱德雷串通西点军校的几位同事，也借机申请去本宁堡步兵学校进修。

果然，陆军部批准了申请，布莱德雷获得了进修高级军官的高等课程的机会。他为自己能找到新的进身之阶而欣喜。在西点军校执教4 年，布莱德雷的思维空间得到了拓展，学识也有了增长。尤为重要的是，布莱德雷对纪律有了新的认识，对新的军事战术进行了专门研究，甚至是超前的掌握。这些对布莱德雷日后大展宏图大有帮助。在业余生活和日常工作中，布莱德雷初显了他谨慎自律、勤学好进、办事公允的性格特点和作风。他稳健沉着，头脑清醒，这些品质在以后的世界大战中，帮助他平步青云，飞黄腾达。

本宁堡步兵学校建于第一次世界大战期间的 1918 年，只有短短 6 年的历史。这座学校最初建在俄克拉荷马州的西尔堡，专门进行步枪训练。不久，因炮兵学校扩建而将步兵学校迁往佐治亚州的本宁堡，这个地方是根据美国南北战争时期南方军亨利·L·本宁将军的名字命名的。迁址后，本宁堡步兵学校的教学和训练范围日渐扩大，成为在世界上享有盛名的培养最有素养的步兵军官的“美国步兵之家”。

1922 年，本宁堡被确定为军事要塞，得到一笔资金扩建校舍，建成了 1 座办公大楼、50 栋军官营房、几所军需仓库和医院、面包房、印刷厂等设施。

1926 年，本宁堡步兵学校又一次大兴土木，营造了士兵营房、运动场、游泳池和戏院。此外，还开辟了一大片空地用于军事演习，俨然是一座培养高级军官的步兵学校。本宁堡建校时间最短，但它的教学质量是首屈一指的。许多青年军官都希望有机会在那里深造。

1924 年秋天，布莱德雷等一群军衔为上尉、少校、中校的中青年军官开始在本宁堡步兵学校学习高等课程。布莱德雷的这批同学中，有 23 人是西点军校毕业生，其中查尔斯 · W · 赖德、哈罗德 · W · 詹姆斯、汤姆 · 福克斯还是布莱德雷在西点军校就读时的同班同学。另外 73 人中有 48 人来自其他院校，2 人来自海军陆战队。布莱德雷在赖特堡的连长威尔伯 · A · 麦克丹尼尔中校也加入了高级课程的学习。在当时，还有一批连级军官在本宁堡学习初级训练课程，马修 · 李奇微、马克 · 韦恩 · 克拉克在初级课程的教学中任教官。

主持本宁堡教学工作的是弗兰克 · S · 修科上校，他是 1894 届西点军校毕业生，时任助理校长。修科助理校长努力改革教学内容，最后证明，他的改革是成功的，许多教学内容正好适应了第二次世界大战的实战需要。入校不久，布莱德雷就开始学习机关枪、迫击炮、自动步枪和 37 毫米普通火炮的知识。这些武器是布莱德雷以前未曾掌握的。修科上校认为，每位学员在离开本宁堡步兵学校时都要掌握陆军的各种标准武器，以便组织指挥未来的步兵部队作战。

5 年后，布莱德雷重返本宁堡执教，在重大的军事演习中表现出杰出的组织指挥才能，就有赖于他这时在本宁堡的进修。布莱德雷无缘赴法参加第一次世界大战，但在本宁堡却因祸得福。在学习了更高一级的战术学、战略学课程后，布莱德雷还参加了本宁堡步兵学校开设的“运动战”或野战课程。布莱德雷在西点军校执教时就对运动战颇有研究，到本宁堡后更是如鱼得水。可是，许多曾赴法参战的同班校发，却死抱堑壕战的陈规，不肯接受新的战术思想，思想显得非常僵化。布莱德雷在思想上没有任何框框，很快接受了正在探索中的新思想、新理论。本宁堡步兵学校还驻扎着陆军的第 29 步兵团和第 24 步兵团，这两个团常与本宁堡的教学紧密合作。学员野外作业的 70% 与第 29 步兵团的野战训练安排在一起，包括从排到旅的战术演练。布莱德雷在野外训练中常被突然召去指挥一个营夺取某个山头，这样，他渐渐地把战术和地形、火力与机械巧妙地运用在一起，熟练地进行组织指挥了。

美国陆军此时正在建立一套比较先进、科学的办学体制，每位军官必须逐级进修才有可能上更高层次的学校深造。布莱德雷因此格外珍惜在本宁堡进修的机遇，他比平常更加勤奋、努力，希望在将来有更好、更多的晋升机会。

1925 年 5 月，布莱德雷结业了，他进修高级课程的成绩名列 73 名同学中的第二名，取得第一名的是弗吉尼亚军事学院 1911 届毕业生纳德 · T · 杰罗。布莱德雷在后来意识到，这一时期的本宁堡步兵学校远不够完善，其教学内容还有许多缺陷。比如，布莱德雷在进修期间仅接触过一些坦克的开动表演，学校还未能将坦克的部署和步兵的作战、训练有机结合在一起。对于航空兵的作战运用，包括其理论和实践，布莱德雷也是很久以后才接触到的。当时，距本宁堡 160 千米以外的阿拉巴马州有一个马克斯韦尔机场，可布莱德雷很少看到飞机，更谈不上对航空兵作战有更多的了解。

西部牛仔——麦克阿瑟

麦克阿瑟，著名军事家，第二次世界大战时期历任美国远东军司令，西南太平洋战区盟军司令；战后出任驻日盟军最高司令和“联合国军”总司令等职。

1944年12月，麦克阿瑟晋升为陆军五星上将。

苏格兰贵族世家

1880年1月的一个清晨，在美国南部阿肯色州小石城的一座军营里，一个男婴来到了人世。就在他那嘹亮的哭声划破了长空的瞬间，太阳穿过了茫茫雾气，从云端露出了笑脸。在云开雾散之后，万物摆脱了惺忪的睡意，显示出了勃勃生命力。

他的父亲听着小儿子的啼哭声，骄傲又兴奋地说：“好有气魄的孩子，能有出息！”孩子的母亲呢？此时此刻，她正用怜爱和希望的目光注视着他，对他的明天充满了信心。父母亲的企盼并没有落空，这个黑发黑眼的男孩子，后来成了美国历史上最年轻的准将、最年轻的西点军校校长、最年轻的少将和最年轻的陆军参谋长、第二次世界大战时叱咤太平洋的盟军统帅、美国为数甚少的五星上将之一。他的名字叫道格拉斯·麦克阿瑟。

麦克阿瑟出身于苏格兰世家，他的祖先曾参加过中世纪的十字军东征，麦克阿瑟后来常以自己的贵族血统为骄傲，事实的确如此。他的祖父的外祖母曾是富兰克林·罗斯福和温斯顿·丘吉尔的共同祖先。因而“努力不辜负阿瑟的传统”，成为麦克阿瑟一生奋斗的动力之一。家族观念对他的影响之深以致麦克阿瑟经常产生幻觉，感到祖辈仿佛一直站在峰巅上，观察他的一言一行、评判他的言谈举止、考验他的意志能力。

麦克阿瑟的爷爷阿瑟第一是个典型的苏格兰人，他“高大英俊、性情温和、精力充沛、不苟言笑”。1825 年，阿瑟第一随母亲从苏格兰的格拉斯哥移民到美国马萨诸塞州的奇科比，从此开始了在美利坚的生涯。

1845 年，28 岁的阿瑟第一有了一个儿子（即麦克阿瑟的父亲阿瑟第二）。4 年后，全家迁往威斯康辛州的密尔沃塞市。阿瑟第一喜欢法律，他选定法学为研究方向，两年后，他被推选为市检查官。1857 年，他当选为州第二巡回法庭法官。

在阿瑟第一任州巡回法官期间，出现了美国历史上极为重大的一次战争——南北战争。

当时，美国北部和南部在经济制度问题上发生了尖锐冲突，这种冲突集中体现在对西部土地的争夺和黑人奴隶的存废问题上。在美国北部各州，从 19 世纪 20 年代起就开始了工业革命，以机器生产为基础的工厂制度逐步代替了手工业生产制度，资本主义大工业迅速发展起来。工业的发展导致了对农产品需求的大量增加，北方的农业逐步从小农经济过渡到资本主义的大农场经济。

而南方呢？南方的农业还主要依靠奴隶的无偿劳动，奴隶主千方百计扩大土地，强迫奴隶日夜耕作。南方的土地被分割成一个个的庄园，土地和奴隶都归庄园主所有，还是不折不扣的奴隶制经济。

由于南方的奴隶主们把资本主要用于购买奴隶，无力对土地进行施肥保养，致使一块土地用不了几年就会因地力耗尽而无法使用，必须寻找新的土地。因此，土地对于他们来说是性命攸关的。正因为这样，南方奴隶主总是企图把西部建立的新州都定为奴隶州。

与此相反，北方人希望西部发展自由的农民经济，从而为北方工业区提供粮食和原料，并购买北方的工业品。因此，北方的资产阶级和农民都主张在西部新州内废止奴隶制的存在。1860 年，反对奴隶制的共和党人亚伯拉罕·林肯当选为总统，使奴隶主占优势的民主党丧失了联邦政权。于是，南部各蓄奴州纷纷退出联邦，并于 1861 年 2 月在亚拉巴马州的蒙哥马利成立“南部同盟”，推选戴维斯为“总统”，同时征集 10 万志愿兵，积极备战。同年 4 月 12 日，南部同盟军炮击联邦军守卫的南卡罗莱纳州萨姆特要塞，内战爆发了。这场战争持续了三四年，最后以南方失败而告终。在战争期间，阿瑟第一积极为北方政权服务，并把儿子阿瑟第二送入北方军中。

战争结束后，1871 年，格兰特总统任命阿瑟第一为联邦最高法院大法官。卸任后他埋头著述，兼任法律学校评议员。

1896 年 8 月，老麦克阿瑟在家中病逝。

父亲的影响

小麦克阿瑟对长着络腮胡子、颇具英雄气概的爷爷十分喜欢，后来他经常回忆说：“我小时候常坐在他膝盖上，听他讲述那些过去岁月的奇闻轶事。”小时候，爷爷一有空就带他到酒固海岸去度假，他们会一同出海冒险去钓鱼，或到岸边去捕获鲭鱼和绿鳕。有时，两个人并排坐下来吃着冰淇淋，看潮涨潮落，享受着美好的时光。这些往事，麦克阿瑟终生难以忘怀。

阿瑟第一身上所具有的绅士风度的确给小麦克阿瑟留下了深刻印象，然而真正影响他一生志向的人还是他的父亲——阿瑟第二。

阿瑟第二的青少年时代正值美国国内形势发生重大变化。阿瑟第二 16 岁时，南北战争爆发了。他想从军为国效力，于是请求父亲写信给林肯，让他把自己送进西点军校。但总统回答，军校现在满编，没有空缺。于是，战争爆发的第二年 8 月，阿瑟第一把立志从军的儿子送入新组建的威斯康辛第 24 步兵团当了一名副官，领受中尉军衔。

可以想象，一个初出茅庐年仅 17 岁的年轻人便已担任中尉副官，这本身就使人们不由得用怀疑的眼光来打量这位“娃娃副官”。但很快，阿瑟第二便以他在作战中的英勇和果断，消除了各方的疑虑，赢得上司的赏识和部属的敬佩与拥戴。

1863 年 11 月 25 日，查塔努加之战开始了。阿瑟第二所在的团奉命向一座陡峭的高地发起冲锋。南部联邦军队的火力猛烈强劲，他们不得不一次又一次溃退下来。“怎么办？”阿瑟第二焦急地想，“无论如何，一定要冲上去！”

于是，就在部队进退维谷之际，阿瑟第二带领 3 名掌旗兵突然出现在山坡上。他们万分英勇地一步步向前挺进。突然，枪声响过，第一个士兵摇晃了两下，倒下了；接着，第二个、第三个士兵也倒下了。这时，阿瑟第二毫不畏惧地从倒下的士兵手中接过军旗继续前进，并高声呐喊：“冲啊！威斯康辛！”部队如大梦初醒，军人们怒吼着冲了上来。高地终于夺下来了。

阿瑟第二望着插在高处的旗帜，精疲力竭地倒了下去。他烟尘满面，血染征衣，然而他知道，自己没有辱没军人的称号，没有亵渎军人的职责。战斗结束了，骑兵司令谢里登奔上山来，一把抱起这位年轻的副官，哽咽着对身旁的士兵说：“要好好照顾他，他的实际行动真正无愧于任何荣誉勋章。”查塔努加之战为谢尔曼将军南下横扫佐治亚州铺平了道路，并为北军的胜利建立了功勋。阿瑟第二因为在这次战斗中的突出表现而获得了国家最高奖赏——国会荣誉勋章。他成了团里的英雄。在一年之内，阿瑟第二得到了连续晋升，成为北军中最年轻的团长和上校。此时，他年仅 19 岁，成了名副其实的“娃娃上校”。

人说将门出虎子，这话是有道理的。父亲作战英勇无畏的精神传给了小麦克阿瑟。在后来的战争岁月中，他正像父亲一样，以骁勇善战、英勇非凡而著称，并且同样获得了国会荣誉勋章。

1865 年 4 月，南军统帅罗伯特 · 李和 J · 约翰斯顿先后向联邦军投降，南北战争结束了。阿瑟第二遵从父亲的意愿，退役回到家乡学起了法律。然而，三年多的军事生涯使阿瑟第二深深爱上了军人这一行，他再也无法

忘记曾经响彻耳边的隆隆炮声了。他觉得，只有军队，才是他一展宏图的地方。

于是，一年后，阿瑟第二毅然回到军队，成为一名正规部队的职业军官。然而，他不可能再享有内战时的上校军衔了，他的军衔变成了上尉。阿瑟第二在上尉这一军衔上整整度过了 23 个春秋，一直到 1889 年他 44 岁时才晋升为少校。这期间，他随部队到过许多地方，多半是在艰苦的西部西南部戍边，并参加了讨伐印第安人的战争。这段时间，阿瑟第二看似成绩平平，然而漫长的军旅生活培养了他作为职业军人的许多优秀素质，为他后来在美西战争中扬名菲律宾奠定了基础。

1875 年，30 岁的阿瑟第二认识了平克尼，并与之结婚，开始了家庭生活。平克尼就是麦克阿瑟的母亲。那时候，22 岁的平克尼正在路易斯安那州享有“忘忧城”之称的新奥尔良过冬。圣诞节过后，在 1875 年 1 月狂欢节最后一天的舞会上，她结识了当时正在那里执勤的阿瑟第二。

玛丽·平克尼·哈迪是一位南方贵族的小姐。她于 1852 年出生在弗吉尼亚州的诺福克。平克尼的父亲是位有钱有势的棉花商人，拥有一块面积不小的种植园。

内战期间，位于东部战场中心的弗吉尼亚战火连天，她父亲不得不把孩子们送到西海岸去避难，防止战争的侵扰。战后，平克尼就学于马里兰州巴尔的摩的一所中专学校，并以优异的成绩毕业。这时，平克尼长大了，成了一位漂亮的大家闺秀。她不仅仪态动人、知书达理，而且多才多艺、能歌善舞，还会刺绣和水彩画，是个人见人爱的姑娘。

平克尼从小喜爱战斗中的英雄，她崇拜南北战争中的南军统帅罗伯特·李，喜欢听战斗故事。她也十分崇敬亚伯拉罕·林肯——这位已逝的总统，她认为他是个伟大的人。

舞会那天，平克尼身穿天鹅绒的黑色舞衣，也没有什么特别的装饰，然而那合体的礼服和白皙的面庞却使她显得格外端庄秀美，别具一格。在与阿瑟第二共舞时，他们攀谈起来。很快他们就发现谈话进行得相当投入，显然，阿瑟第二的军人风度和丰富多彩的人生经历把玛丽深深地吸引了，而阿瑟第二也对平克尼的美丽活泼和外表以至思想的与众不同甚感惊讶，从而产生了由衷的爱慕。

当舞曲结束后，他们再也没跳一支曲子，而是坐下来聊天。两个人都深陷于一种前所未有的兴奋与喜悦之中，彼此寻到了知音，此后，他们深深地相爱了。

然而平克尼的父亲却极力反对他们的交往。虽然南方妥协、林肯被害后，南部人对北方人有了更深程度的认识，南北的紧张局势缓和了，但这位庄园主仍不愿意看到他喜爱的女儿跟从一位曾提起枪来对南方人射击的“北方佬”，而且与他结婚就意味着自己娇养的女儿将与这个名不见经传的小中尉四处漂泊，过一种近似流亡的生活。可是他并未料想到女儿的倔强。平克尼喜欢军人，希望能够亲眼看到那些英雄们为了国家和人民去浴血奋战、创造业绩。她不顾父亲的反对，毅然地决定把后半生的日子与军人生活联系起来。

父亲认输了，1875 年 5 月，这位南方小姐在哈迪种植园的家中，与麦克阿瑟举行了婚礼。

作为一个以军营为家的军人之妻，平克尼·哈迪以往所接受的一切贵族式教养统统派不上用场了，她不得不以刚毅的精神和坚强的意志去适应新的生活。有一次，她和阿瑟第二长途跋涉，横穿新墨西哥州的荒漠高原到营地报到。那是一次异常艰苦的旅行。白天，烈日当空，酷热无比；夜晚，冷风萧瑟，寒气逼人。平克尼蜷缩在颠簸摇晃的军车里，度过了 8 个难耐的日日夜夜。这不是普通女子可以承受的，可平克尼硬是从这种艰苦的生活中挺了过来。她的皮肤变得粗糙了，手脚起了趼子，但她毫无怨言，颇感自豪。在婚后的 4 年多时间里，平克尼先后于 1876、1877 和 1880 年为阿瑟第二生了三个儿子。老大取了和祖父与父亲相同的名字；老二不幸早夭；而老三便是我们的主人公道格拉斯·麦克阿瑟。那时候，家里并不十分宽裕，平克尼用自己的勤劳和智慧把家里管理得井井有条。她善于精打细算，勤俭持家，但对别人却从不吝啬。婚后，她辅助丈夫，教育儿子，成为一个好妻子、好母亲。母亲对麦克阿瑟的早期教育使麦克阿瑟受用终生，她的温柔、她的坚强都给阿瑟留下了极为深刻的印象。她为阿瑟一生的顺利发展费尽心思，陪他同去西点读书，甚至儿子去菲律宾工作，她也

随同前去。

麦克阿瑟父子俩的戎马生涯有许多相似之处，他和父亲都获得过国会荣誉勋章，都是在菲律宾达到个人事业的顶点，都念念不忘亚洲和太平洋地区对美国未来的重要意义。

回味无穷的童年

每每回想童年，已成了将军的麦克阿瑟总是掩饰不住对那段美好岁月的留恋。仿佛已逝的时光瞬间再现，将军的嘴角总会带着一丝惬意的微笑，满怀深情地任凭往昔美好的回忆浮现脑海。谈及旧事，麦克阿瑟曾动情地说：我是个幸福的孩子。我有个幸福的家，有令我骄傲的父母亲，有回味无穷的童年。父母对麦克阿瑟幼时的教育和影响是广博而深远的。

小麦克阿瑟自幼视父亲为心中的偶像，并从他那里继承了刚毅、果敢和倔强的性格。正是他亲爱的父亲，在阿瑟懵懂的童年时代，就把勇敢、坚强、惊人的毅力和军人意识牢牢植根于他幼小的心中。有一次，麦克阿瑟跟随父亲出外打猎，突然从树林中窜出一只豹子。那只凶猛的野兽呼啸着向阿瑟奔来。麦克阿瑟吓坏了，他惊慌失措，跑到父亲的身后，抱着父亲的身体再不肯松开。

父亲很生气，松开他的手，对他说：“道格，不要害怕，我的孩子。要勇敢，做个真正的男子汉！人如果总是这么胆小，将来战争一旦发动，谁敢去杀敌报国呢！永远不要忘记，你是军人的儿子！”从此，在小阿瑟心中，谁要认为他不是一个男子汉，那就是对他最大的羞辱，是他不能容忍的。这件事对他的影响很大，因此以后在像寻找猎物这样的事情中，他总是表现得很勇敢，这也为他后来在战场上表现出勇敢和顽强打下了基础。

不久以后发生了一件小事。那是一个黄昏，他和表弟在军营旁的火车站附近玩耍。正要过铁道时，一列火车突然停了下来，挡在了孩子们的面前。为了显示自己的勇敢，小阿瑟竟然带着表弟钻到火车下面向对面爬去。仅过了几秒钟，火车一声长鸣，轰轰地开动了。此情此景恰好被呼唤孩子们回家的母亲看在眼里，疼爱儿子的母亲吓坏了，以至当场昏倒在地，不省人事。

当麦克阿瑟事后被叫到父母面前解释冒险理由的时候，他振振有辞地说："我是个真正的男子汉！"于是，他得到了这次冒险的酬劳，那是一顿父亲的痛打。不过，打过了儿子，父亲又给阿瑟讲述了一个关于勇敢和莽撞导致牺牲的战斗故事。

小麦克阿瑟和大哥都很喜欢父亲，因为父亲虽然严厉但却时常可以成为他们的大朋友。尽管公务繁忙，他还是设法抽出时间陪孩子们一起玩。两个孩子在五六岁的时候就从父亲那里学会了骑马和打枪。有假期的时候，父亲就带着他们骑马、射击、钓鱼、划船。其中，装扮成军人冲冲打打是他们最感兴趣的游戏。

麦克阿瑟后来回忆说："哥哥扮成少校，我当一个士兵，我们在一块打玩具手枪。父亲是元帅。我那时还以为士兵比少校官大呢！"麦克阿瑟的父亲每天早晨向小哥俩敬礼，也要求他们还礼。正是这些点滴的小事使麦克阿瑟从小便对军人产生了崇敬的心理。

小时候的麦克阿瑟热衷军事游戏，他自幼长在军营中，经常观看父亲操演部队，或是听士兵们讲故事。他喜欢模仿士兵们的队列训练。多少年后，当年轻的麦克阿瑟以其优美的军姿而在著名的西点军校遍享赞誉的时候，我们仿佛可以看到那个英俊倜傥的麦克阿瑟的父亲曾经用了整整两个晚上，亲手制作了一把精美的木剑，把它作为圣诞礼物送给麦克阿瑟。小麦克阿瑟高兴极了。后来，他回忆说："它使我兴奋不已。挥舞着它，仿佛自己就已经成为一名骑士——勇往直前。"

父亲平时总是和蔼可亲的，但当他发现孩子们做了什么错事的时候，就常常控制不住军人特有的肝火，向他们发脾气。

一天，父亲突然回家吃午饭，发现了大哥阿瑟第三正逃学躲在家，这么小的孩子就敢逃学，父亲真的气坏了。他面孔铁青，二话没说随手操起一件马具，朝着阿瑟第三的头打了过去。小麦克阿瑟被父亲愤怒的样子吓坏了，他朝着父亲大声喊叫，要他住手。可这时父亲正在气头上，哪还顾得上理他呢？看到喊叫无效，哥哥被打，小麦克阿瑟放声大哭起来，想借此把母亲吸引过来，然而他又一次失望了，母亲没在家里。最后，麦克阿瑟潜到父亲背后，试图抓住他的手臂。父亲对他这一大胆的举动甚为惊讶，他略愣了一下，继而转过身去冲着小麦克阿瑟怒不可遏地说："怎么，你也想来几下？关你什么事？"

"我认为，"抽抽答答的小麦克阿瑟壮着胆，带着哭腔对父亲说，"我认为不管是什么人，都不能像这样抽打他，即使他犯了错，即使——"小麦克阿瑟停下来，怯怯地看了一眼他的父亲，同时两腿往后撤，时刻准备逃走，鼓起勇气说："即使你是他的父亲！"父亲被小麦克阿瑟的话震动了，他慢慢地放下马具，仔细看了看自己的小儿子。这是他自己的小儿子吗？他有些不敢相信刚才的话是出自刚刚年满六岁的麦克阿瑟之口。多么好的孩子啊！我怎么能忍心看他们掉眼泪呢？父亲张开双臂，把兄弟俩紧紧搂在怀中，向他们正式道歉。自此，父亲开始额外地注意麦克阿瑟，他觉得，这个小孩子身上有着惊人的勇气和毅力。"也许，"父亲时常这样想，"他真能成为军人。"

父亲对麦克阿瑟兄弟的另一个教育方式就是培养他们的竞争意识，父亲经常鼓励他们比赛，这在麦克阿瑟性格形成中也产生了很大作用。父亲总是鼓励孩子们争第一，要孩子们勇于接受挑战，不怕面对失败。有一天，家里来了几位亲戚。正当客厅里亲戚们和阿瑟的父母融洽交谈的时候，阿瑟第三和麦克阿瑟在院子里拳打脚踢地打斗起来，显然，两个人是在某件事情上发生了争议。亲戚们慌忙地劝阿瑟第二把孩子们拉开，帮他们和好。而做父亲的却稳稳地坐在沙发上，叼着烟斗，微笑着一声不响。

"你怎么可以这样任凭孩子们打架呢？"一个客人问。做父亲的说："让孩子们自己想办法去解决矛盾，或者和谈，或者动武，总之是他们俩之间的事。要是插手太多，会使他们觉得自尊心受挫，况且要体魄强壮的男子汉不打架是不可能的。"下面的事情表明了父亲的思想在儿子身上发生了怎样的作用。一次，母亲正在厨房里烤面包，哥哥与弟弟又打了起来。一会儿，年纪较大、身体较壮的哥哥阿瑟第三占了明显的上风。他骑在趴卧在地上的麦克阿瑟身上，给了弟弟一顿重拳。

“服了吗?”阿瑟第三大声问。

“不服!”麦克阿瑟重重地喘着气回答。

母亲跑出来，试图扯开打得热火朝天的两个宝贝儿子。不料正处于下风的麦克阿瑟当即严肃地对母亲说：“别管我们，让我们自己解决!”

说这话时，他正躺在地板上，脸上多处青肿。父亲的影响和教育使麦克阿瑟从小就有一种硬骨头精神。

有一次，麦克阿瑟用镰刀砍香蕉树时，镰刀从他手里滑脱，划破了他的脚。血流了出来，可小阿瑟却忍住疼，并没告诉家人。过了几天，伤口恶化了，腐烂化脓，疼痛难忍，连路也走不成了。家里人发现后不安起来，马上给他敷药治疗。当时是用盐水来清理伤口，那疼痛的滋味是可想而知的，大人们尚难忍受，又何况小阿瑟。虽然小阿瑟还只是个八岁的孩子，可是，小阿瑟却自始至终没喊过一声疼。

麦克阿瑟 10 岁那年，全家赴美国东海岸旅行，海边的旖旎风光是迷人的。麦克阿瑟第二想让孩子们换换空气，把美丽的景色留在记忆里，借以陶冶他们的情操，使他们增长见识，开开眼界，然而，事与愿违，小麦克阿瑟在整个旅游期间，始终没能摆脱疾病的纠缠。在游览旧金山唐人街的那天，他感冒了，不停地咳嗽，在其后内几天又淋了一次雨，病情加重了。晚上，他发着高烧，脸涨得通红。母亲很心疼，一直在床边守候着他。可懂事的小阿瑟却忍住昏晕和不适，努力露出笑脸说：“妈妈，您去睡吧!”在旧金山逗留期间，他曾患过肠胃炎和牙病，还发作了一次哮喘，到圣地亚哥时病情更加严重，他的身体几乎要完全垮下来了。对年幼的麦克阿瑟来说，这是一段灰色的日子，以致后来在他的这段日记中尽是有关疾病的记载，他曾写道：“上帝，赐予我力量吧！我是如此虚弱，以致无法感觉到太阳照在脸上的快乐。我是多么地无能!”为了不让妈妈为他难过，他总是坚强地忍耐，不喊疼痛。一个仅仅 10 岁的孩子，如何熬过了接二连三的病痛袭击，真让人难以想象。也许，这是“天将降大任于斯人也，必先苦其心志”吧！如果说道格拉斯·麦克阿瑟的父亲给了他做男子汉的榜样和勇于献身的进取精神的话，那么他的母亲平克尼则给了他终生受用不尽的许多本领和品质。

平克尼出身于南方种植园主家庭，有着高贵的血统和良好的教养。她以古老的南方贵族传统来熏陶道格拉斯·麦克阿瑟。麦克阿瑟的一生中都极其注重着装、礼仪、讲话方式，这些都源于母亲的影响。母亲鼓励麦克阿瑟学习历史，浏览名人传记，努力培养他对家庭和国家的责任心和荣誉感。不论什么特殊场合，诸如升旗、降旗、客人来访，甚至报纸登载自由女神像送达纽约的消息，她都要求孩子们行举手礼。她每天晚上照顾孩子们上床，末了总要对小麦克阿瑟说：“你将来长大，要做一个人物。”有时还加上一句：“要像你爸爸。”她特别告诫小麦克阿瑟，男人不该哭泣，而恐惧的眼泪更是绝对禁止的。

尽管家境富裕，母亲还是教导麦克阿瑟要勤劳，要独立，自己的事情自己做，从不纵容孩子们养成养尊处优的不良习惯。母亲鼓励和要求孩子们每天轮流做家务事，而且不许他们以任何理由拒绝。两个孩子很小的时候就都学会了做菜、煮饭、打扫房间、整理马厩。

麦克阿瑟有一位舅妈住在乡下，每次去乡下玩，母亲总是要孩子们跟随农民去菜地里学习播种、施肥、除草和收割。在母亲潜移默化的引导下，麦克阿瑟成了一个勤劳的孩子，后来麦克阿瑟回忆说：“她让我们去贴近大自然，而且常对我们说，在我们周围的大自然中，到处都是机会，我们要做的只有一件事，那就是伸出手去抓住某一个适合自己发展、锻炼的机会。”

麦克阿瑟小时候常去军营里玩。一次，他和几个小朋友比赛攀援。军营里没有大树，往哪里爬呢？一位小朋友灵机一动，指着高耸的旗杆说：“就爬这个！看谁爬得高，爬得快！于是几个孩子轮流沿着那根粗大的旗杆由下向上攀援，旗杆飘扬着一面美国国旗——星条旗。轮到小麦克阿瑟了，他奋力地向上爬呀爬。旗杆并不很高，阿瑟竟爬到顶端了。下面的小朋友都喝起彩来，小麦克阿瑟一时得意，竟撕断一小片旗帜，作为“胜利的纪念”。后来，很不幸，这片“纪念”被母亲发现了，母亲追问来源，麦克阿瑟一五一十地说了。母亲先是沉默不语，而后叹了一口气说：“道格，你知

道这星条旗的意义吗？你是一个美国人，这星条旗是美国的象征啊！在战争的时代，它代表着胜利，是战士们心中的希望，多少战士宁愿自己死，也不让这面旗帜受损、这面旗帜倒下；在和平的年代，它代表着荣誉，是人们前进的动力，当你灰心失望时，它会带给你力量。记住，这就是国家——荣誉！”年幼的麦克阿瑟深受感动和教育，对荣誉的珍视和对国家和民族的强烈责任感一时间深深注入他的脑海里，后来他用一生的精力实践了对国家的忠诚。

麦克阿瑟晚年回忆说：“母亲对我的教育不仅包括最简单的知识，而且更为重要的是启迪我们的责任感。她让我们逐渐懂得了，不论什么事，只要对国家有利，不管个人做出什么牺牲都是应该的，而且要努力去做。”

小麦克阿瑟生活在一个亲密、快乐的家庭，父、母亲对孩子们的批评总是建议性的，而不是消极的或生硬的。他们是孩子们最大的支持者，支持他们的兴趣和爱好。当孩子们需要父母的帮助时，他们就鼎力相助。他们信奉一种抚育孩子的老办法，那就是：“有足够的爱护，也有严厉的纪律。”

宗教教育是家中生活的重要一部分。每天早晨，当全家人围着桌子吃早餐的时候，母亲或是父亲就给大家读一段圣经，让全家人沉浸在一种宁静祥和的气氛里。由于阿瑟一家是圣公会成员，所以每到星期六，全家就去基督教堂做礼拜。母亲还热衷慈善事业，总是去参加妇女会的活动，慷慨资助衣食无着的穷人。每到夏天，全家带着两条爱犬，挤进一辆面包车，由母亲驾驶去缅因州肯尼班克港的沃克角，那里有一座他们的别墅。全家人一块娱乐、学习、休息，度过美好的时光。在夏天的缅因，可以欣赏到许多奇异的景致。那里有奇妙的潮汐涨落；凉爽的海风散发着湿润的咸咸的气味；晚上，海浪拍打着海滩，冲击着岸边的岩石，发出哗哗的有节奏的声音；暴风雨有时会突然席卷布满岩石的海岸线，创造出自然界的奇景。风和日丽的天气里，父亲带着孩子们去海边游泳，在海滩上散步。有时候，晚饭后，全家人并排坐下来，望着月光下无垠的大海，任凭海边的轻风拂过脸庞，吃着冰淇淋，一直呆到很晚，尽情享受夏夜的清爽。

每次由母亲带领着去乡下舅母家玩，也是小麦克阿瑟童年的一大乐事。舅母很疼爱小麦克阿瑟。在锄地的时候，她背着他，或者让他坐在犁柄上，让牛拉着，吆喝着，向牛喝口令，那是一种极其特殊的快乐，以致后来他一直难以忘怀。在旱田里玩够了，就下水田玩水，玩泥浆。再玩累了，就爬到田边，在树荫下等舅母来接，颇有情趣。大一点儿的时候，麦克阿瑟总是主动要求舅母也带上他去田里一起干活。虽然有点儿累，但心情非常的愉快。小麦克阿瑟的心已融入大自然，其乐融融，对劳累浑然不觉了。

每当回忆起幸福童年生活，那美好、恬静的往昔就再一次地滋润这位五星元帅的心田。麦克阿瑟是一个早慧的孩子。孩提时代，麦克阿瑟常常提出一大堆问题，而且有些问题已超出了同龄孩子的想象，如宇宙和人类的起源问题。他从小热爱大自然，对动物如昆虫等很感兴趣。据他个人后来回忆，他对一切活动的生命都十分喜爱，他留意观察鸟的习性，养过金鱼、蛇和乌龟，甚至用帽子装回青蛙。有一次，家里的一只小白鼠死掉了，母亲叫仆人把白鼠扔掉，麦克阿瑟知道后非常伤心，称之为“科学的一大损失”。

麦克阿瑟 5 岁时就能用英语给父亲写信。6 岁那年，母亲为他请了一位家庭教师，给小麦克阿瑟打下了一定的德语和法语基础。二次世界大战期间，他能够听懂希特勒和戈培尔在电台的演说，并可以用法语与人对话，看来都得益于童年的学习。麦克阿瑟小的时候，母亲常常读一些故事和浅显的文章给他听。有一次，母亲给他阅读时，他趴在地板上专心致志地玩弄父亲的指挥棒。母亲严肃地批评他不够专心，小麦克阿瑟却毫不迟疑地逐句复述了母亲方才朗读过的最后一段，让母亲大吃一惊。为此，他说：“妈妈，我要是不能同时至少做两件事，我会为自己害羞的。”也正因为这样，人们包括老师都称赞小阿瑟是个“聪明过人的小家伙”。

当别的孩子刚刚开始看儿童读物的时候，童年的小阿瑟就已是一位孜孜好学的书报读者了。在过 9 岁生日的时候，姑妈送给小阿瑟厚厚一大本美国史作为生日礼物。他把这本书读了一遍又一遍，都快能背下来了。

10 岁生日时，他把祖母送给他的一幅镶嵌在镜子里的林肯画像挂在自己的床头上。下面摘录着朗佛罗《生活诗篇》中的几行诗："伟大的一声常提醒我们，要使自己的一生崇高庄严。在去世时，在实践的沙滩上，留下我们的足迹。"他对林肯非常崇拜，这时的他就已放弃了最初要当一名飞行员的愿望，踏上实现伟人梦的理想道路。

他后来说："我父亲充满激情地笃信个人的权利。他传授给我的东西中有这样一种信念：所有男人和女人，不论其肤色或宗教，都生而平等，个人决定他们自己的命运；也就是说，决定其一生命法的正是自己的抱负和勤奋。"

麦克阿瑟一生崇敬林肯和华盛顿。多年后，在他的指挥部或办公室里，也只有这两位伟人的画像作为墙壁的唯一装饰。

1886年，麦克阿瑟的父亲调到堪萨斯州的莱文沃思步兵骑兵学院。这时，小麦克阿瑟6岁，在那里，他开始了正规的学校教育。但是，开始的时候，他的成绩并不理想，为此，麦克阿瑟称自己是"一个劣学生"。

1889年7月，父亲被调到华盛顿陆军司令部任高级副官助理。这样，道格拉斯·麦克阿瑟有幸第一次来到首都，就学于华盛顿小学。在这里，他学习了4年，获得了良好的基础教育。华盛顿公立小学是一个富人子弟学院，它位于一条无轨电车线的起始点上。校舍是一套木制的楼房，有草坪环绕，不远处还有一个不小的操场。校园的环境安静、典雅。刚刚来到慕名已久的首都，麦克阿瑟充满了对未来的憧憬和希望。然而，小麦克阿瑟此时并未意识到，未来等待他的是什么。

一次，麦克阿瑟病了，高烧不退，在床上一连几天没能起来。当热度渐失、身体恢复后，麦克阿瑟和家里人都发现了一个问题，那就是年幼的小阿瑟再不像过去那样流利地说笑了，他患了一种口吃病，说起话来吞吞吐吐、结结巴巴。

这件事对小阿瑟的打击很大，他一向是个要强的孩子，把荣誉和赞扬看得很重要。这一下，连发音都不能够准确，怎么可以在一所富贵子弟云集的学校里和那些受了良好的学前教育、又聪明又伶俐的孩子们一争高下呢？

事情果然不出小麦克阿瑟所料，病愈后刚刚返回学校，麦克阿瑟就受

到了同学们的耻笑。那天，小阿瑟和同学们一起上课。这时，坐在小阿瑟前面的一个同学突然搞起恶作剧来，向大家使鬼脸，把手伸到头顶扮成怪怪的样子，逗得全班同学哄堂大笑起来。老师生气地问是谁干的。那个调皮的孩子就把这一切推给了小阿瑟。由于小阿瑟刚刚来到这里，老师们对他都不够了解，而且阿瑟的成绩并不好，因而老师信以为真了。他批评阿瑟说：“你真是个调皮的坏孩子，我要把这一切告诉你的父亲!”

阿瑟委屈极了。他的脸一下子涨得通红，不由自主地站起来想辩解。然而因为口吃，他虽然费了好大的劲儿，但还是说不清楚。后来，他竟急得把课桌上的课本摔到地上去了，这下老师更生气了，训斥他是一个“暴躁的孩子”。倔强的小阿瑟忍耐着不让泪水流出来，他一声不响地继续上课了。

放学回家的路上，他还在为刚才的事伤心和懊恼，他认为同学和老师损伤了他的自尊心。回家后，母亲叫他去杂货店买灯泡，在懊恼的情绪支配下他竟然不小心把两只刚买的灯泡都给摔碎了。母亲问明了情况，鼓励和启发他说：“做人要凡事对自己有信心，我的孩子。别人说什么都不必太在意，重要的是怎样努力去做，来改变别人对你的印象。”

母亲的启发使小阿瑟平静了下来。从那天起，他默默地忍受同学们的羞辱和嘲弄，他把这一切挫折都转化为学习的动力。有些同学在课堂上模仿他发音不标准的朗读，有些同学还在黑板上模仿他不规范的拼写。有些时候，小麦克阿瑟真感到忍无可忍，他真想冲上去把羞辱他的同学狠狠地揍一顿。但是，小麦克阿瑟从来没有真的这样做，他所表示的只是不断地改正和永远的谦虚忍耐，他从未因自己的缺陷而感到气馁。

每天，天刚刚破晓的时候，小麦克阿瑟就起床了。他一声不响地走出家门，在熹微的晨光中，一遍一遍地朗读课文，朗读妈妈给他买的读物，来纠正、训练自己的发音。一连几天后，父亲和母亲发现了他每天早上的这种勤奋行为，他们也为小儿子不懈奋斗的精神感动了，父亲赞许地说：“我真为他而感到骄傲!”

终于，一段时间后，小麦克阿瑟的努力见成效了。同学们不再嘲笑他朗读课文，相反，开始对他刮目相看。他感觉自己开始拥有同学们的尊重。

后来，在自己的回忆录里，麦克阿瑟将军写道："那时候，我曾用毅力成功地对付了我的口吃。"

在华盛顿小学学习期间，麦克阿瑟比其他孩子付出了更多的辛苦和汗水。他时刻告诫自己说："你曾经是一个劣等生。"他下决心要用10倍的努力使自己的成绩获得提高。

每天放学后，小麦克阿瑟都极其认真地完成老师留给他的家庭作业。对于课本的知识，小阿瑟采取灵活学习的方式，他总是能够把许多知识有效地结合起来，做到由此及彼。遇到难记的拼写，他就把它们记在小本本上，有时间就拿出来看一看；遇到不会做的数学题，他就静静地坐在书桌旁，先翻阅课本，然后专心地集中精力运用所学的知识去攻克它。

麦克阿瑟对写文章很感兴趣。他从小阅读了许多书，并有着极其广泛的爱好。他善于观察周围的事物，每天坚持写日记，把感兴趣的东西及时记录下来。每次父母带他去旅游或度假，他都会把自己的日记本记得满满的，把感受到的一切美好的东西用自己的语言描述出来。

在美国的将帅中，麦克阿瑟是口才最好的一个。他善于演讲，长于辞令，讲起话来滔滔不绝，并留下了许多传于后世的演说和名言。这些能力并非生而有之，而是在成长的过程中逐渐培养出来的。麦克阿瑟知道自己在做什么，他坚信，只要是自己决心做的事，就要不惜付出代价去获取成功。

在持之以恒的努力下，小麦克阿瑟的成绩提高了，他获得了老师的赞扬。他的老师这样评价他："刚开始时，他的成绩的确很差，但我发现这孩子身上有种绝不认输的、执著的、只知道努力向前的品质。无论他的努力是否能换来成功，他都一如既往。而事实上，他成功了！"

小麦克阿瑟从小显示出非凡的抱负，因而他在同龄孩子中表现出与众不同的坚强的意志力。在一次期末考试时，老师一面分发试题，一面宣布说："今天考试可以参考课本，也可以相互商量。"同学们都拍手称快，笑逐颜开。他们三五成群，交头接耳，很快便把题答完了。等卷子收齐后，老师非常感慨地说："今天的考试是同学们的'学习精神'的一次测验。然

而，大多数同学没能经受住考验。实际上，全班同学中没有翻阅课本，也没有同别人商量，真正独立思考答题的，只有一个人。”他就是麦克阿瑟。麦克阿瑟还以自己的真诚赢得了同学们的尊敬和友谊。

有一天，麦克阿瑟和班级里的一群男孩子在操场上踢足球。大家都玩得很投入，球赛进行得颇为紧张。眼看球就要进入球门了，一个男孩子为了阻挡前进的足球，飞起一脚把球射了回去。可是这一下动作太用力了，以致球飞出界外，向教室方向飞去。很不巧，就在男孩子们的惊呼声中，球射中了一块教室的玻璃。老师赶来了，询问谁是肇事者。那个男孩子吓坏了，一声也不敢吭，害怕遭到老师的批评和惩罚。小麦克阿瑟对老师说：“是我不小心把球射向了玻璃，我不是故意的，但我愿意为这件事负责，接受您的惩罚。”老师走后，同学们都拥向麦克阿瑟，对他充满了敬佩。因为，那个做了坏事的同学，正是曾经羞辱麦克阿瑟并把做鬼脸的责任推给他的那个男孩。小麦克阿瑟没有因此而忌恨他，而是在众人面前主动替他受过，怎么能不让同学们对这个和他们年龄相仿却如此大度的同窗顿生敬意呢？

在麦克阿瑟小学快毕业的时候，家里发生了一件事。麦克阿瑟以他的懂事和善解人意让他的母亲欣慰地看到：小麦克阿瑟已经长大了。

一次麦克阿瑟的父亲因军务外出，小麦克阿瑟的母亲不小心从楼梯上摔了下来，把腰部摔伤了，在医生的建议下住进了医院。那个时候，麦克阿瑟的哥哥正在读中学，功课相对比较忙，所以小麦克阿瑟就对哥哥说：“你留在家里照料家中的事情，我去医院陪伴妈妈。”于是，12 岁的麦克阿瑟每天放了学就急匆匆地赶往医院。他给妈妈送去自己或哥哥亲手做的饭菜，陪妈妈聊天，向她讲述学校里的情况和他的学习状况。在母亲好一点儿的时候，麦克阿瑟扶着母亲去草坪上散步，带去书给妈妈朗读，陪母亲度过那段寂寞孤独的时光。

麦克阿瑟一生始终都敬爱自己的母亲。对他来说，母亲是他生命中为数不多的对他起决定性作用的人之一。如果没有母亲，他至少不会如此顺利地走好一步步的人生旅途。母亲在他失望的时候带给他鼓舞，在他受挫的时候给予他力量。母亲对麦克阿瑟的影响是巨大的。

正如他所说："经历使我相信，上帝给每个人都制定了一个方案，命运中那些似乎是偶然的挫折也完全是这种方案的组成部分。我母亲是一个清瘦的妇女，她有满头深褐色的头发和一双像宇宙一样深邃的眼睛。她告诉我，生活中的每件事都是为了某种目的发生的。万事万物都是上帝方案的组成部分，即使是最令人沮丧的挫折也不例外，归根到底，每件事都是为了尽善尽美才发生的。她说，假如有什么事不对劲儿，别让它拖垮你！你摆脱它，越过它，继续往前走。后来她又补充说，好事必定会到来，那时你就会发现你在想：假如我当初没有把麻烦事甩在身后，那今天的好运就肯定不会落到我头上！"

信念正是麦克阿瑟心中永不倒掉的"柱子"，支持着他去克服重重困难，去超越自我，由小到大，终其一生。

坚毅自信的少年

1893年秋，麦克阿瑟的父亲阿瑟第二被提升为中校，并前往得克萨斯州的休斯敦任职。阿瑟的哥哥经过努力，考入了安纳波利斯海军学校，而13岁道格拉斯·麦克阿瑟则进了当地的一所军事中学。

此时的麦克阿瑟已长成健壮而英俊的少年了。他在学业上有很大的长进。在学校里，同学们对他既羡慕又嫉妒。他样样突出，是当之无愧的优秀学生。他是学校的网球冠军，同时也是足球场和棒球场上的佼佼者。麦克阿瑟再不是那个饱受屈辱的男孩子了，往日的病痛和由此造成的沉默一扫而光。说到这里，我们有必要来讲一下麦克阿瑟是如何取得这些成绩和改变自己的。他首先极为成功地重新塑造了自己的体魄，以坚强的意志把自己从弱者的角色中拯救出来。

麦克阿瑟从小就很有毅力和自信心，他决定做的事情，不仅一定能坚持下来，而且相信自己经过努力一定会比别人做得更好。他一直十分羡慕那些体魄强健的人，盼望自己能加入那些"行动者的行列"。因此，他开始

对体育锻炼表现出高度的兴趣。父亲十分支持麦克阿瑟锻炼身体的想法，为他准备了一间属于他自己的健身房。在健身房里，有单杠、双杠、哑铃、杠铃以及其他的健身器械。麦克阿瑟高兴极了。

从此以后，他抓紧任何可以利用的时间去锻炼身体，并且为自己在健身房中训练制定了明确而现实的规划。体能锻炼是一件十分艰苦且又重复单调的事情，它常使人感到精疲力竭。但每每想停下来的时候，麦克阿瑟总是告诫自己：“不要忘了你的目标!”想到这些单调而沉重的锻炼可以使自己获得强壮的身体，他就以苦为乐了。在休斯敦麦克阿瑟所进的军事中学旁边，山峦迭宕起伏，风景优美如画。当春风吹过了山岭时，鲜花盛开，迎风而舞；溪流蜿蜒，绕岩而下，环境清幽。每天放学后，同学们都喜欢相约至此，或读书、或嬉戏，享受那段美好的时光，解除一天的学习带来的紧张和压力。有一天，麦克阿瑟也和同学们去山野中玩。

由于他为自己制订了满满的计划表，他很难得这样轻轻松松地玩一次。几个男孩子带上足球，找了一块平坦的地方就兴致勃勃地踢开了。麦克阿瑟则和另一个男孩子放飞了自制的风筝。那是一只振翅欲飞的雄鹰。放开了风筝拉线，它徐徐地飞上了高空，带着两个男孩子的兴奋与期盼，伴着山间初溶的冰水的欢歌，在风中翩翩起舞。那是春寒料峭的时节，山间的树木已抽出了新枝，小草已冒出了新芽，大自然显现出勃勃的生机。蔚蓝的天空中点缀了几朵如丝如缕、袅如轻烟的云彩。那山，那水，那天，那云，孩子们陶醉于其中，流连忘返。

突然，一阵嘹亮的歌声划破了静寂的山野。一位樵夫出现了。踢球的男孩子停下来，聚在一起，用手指着说：“看，就是那个人，又来了!”麦克阿瑟也被吸引了，他循声望去，看到了一个奇怪的情形：那位荷担的樵夫，正脱了鞋子，双脚踏入冰凉的溪流中，溯流而上。樵夫满面红光、身材魁梧，一边满不在乎地走，一边还高声地唱着山歌。

男孩子们都大笑起来，嘲笑这个奇怪的家伙。唯独麦克阿瑟没有笑，他只是满腹疑问，默默地问自己：“道格，他为什么这样做呢?”

后来，男孩们又散开去玩了，麦克阿瑟却跑到樵夫的身边，与他攀谈起来。“叔叔，您为什么踏在水里走，水不冷吗?”樵夫乐呵呵地告诉他说："冷！可我不怕，我每天都坚持这样做，这样可以磨炼人的意志，强壮人的体魄，孩子，你懂吗?"樵夫的话深深地留在麦克阿瑟的记忆里，他一瞬间产生了自己也要试一试的念头。以后，他每天放学后都来到这里。为了防止水冻坏脚，他先脱下鞋子，用手活动足部，使双脚温热，然后踏入溪水中，学着樵夫的样子逆水充满豪情地向上走。无疑，他受到了同学们的讥笑，然而他根本不在意，把它作为锻炼自己意志和身体的良好方式。

这件事发生后，麦克阿瑟不仅坚持室内锻炼，还开始注意大量增加户外活动。

有时候，麦克阿瑟会利用周日只身远足郊外，爬山涉水，使自己适应各种自然环境。登山是麦克阿瑟非常喜爱的一项运动。他认为，在登山的过程中，人的勇气、体力和毅力都将得到最大程度的体现和发挥。麦克阿瑟想把自己培养成为在恶劣条件下也挥洒自如的人。

就这样，一年的时间很快地过去了。麦克阿瑟以为他的努力该有成效了。可是，满怀信心的阿瑟很快就受到了挫折。有一天，班级里推选各部委员。麦克阿瑟自告奋勇要求尝试班级体育委员的职务。有一个同学嘲笑说："如果体弱愚蠢的道格也可以当体育委员，那简直是对班级的侮辱。"他之所以称麦克阿瑟是"愚蠢的道格"，大约是指麦克阿瑟趟冷溪的事儿吧！麦克阿瑟气坏了，向他提出挑战，要求放学以后比试一下。

然而，令他伤心的是，他失败了。那个同窗把他狠狠地摔倒在地上。麦克阿瑟灰心极了。他原以为一年的艰苦锻炼会使他的身体变得结实有力，可谁知他所收到的只是表面的效果。的确，他增加了肌肉，但他却没有增加力量，在这个世界上他仍然是弱者。但倔强的阿瑟没有因此一蹶不振。他忍受着同学们的讥笑，暗下决心，要像小时候对付口吃病那样去向自己的身体挑战，他要锻炼好身体，重新塑造自己的形象。

为了达到这个目的，他又开始了单调而沉重的体育锻炼。他为此付出了多少努力、流下了多少汗水，恐怕是难以用语言描述出来的。一次，就连刚毅的父亲在健身房中看到了正在训练的小阿瑟，都不免心疼又感慨万

千地说："孩子，你的顽强让爸爸感到吃惊，好好练吧，但要注意身体的承受能力。"

可以想象，如果没有顽强的毅力和对目标的执著追求，这种训练是难以坚持下去的。艰辛的劳动终于收获了丰厚的报偿。他早期的锻炼，为他一生的事业奠定了雄厚的体能基础。在中学的后期，麦克阿瑟就以实际行动向同学们证明：他从不向任何困难低头，他敢于向任何对手挑战。

麦克阿瑟艰苦锻炼的事迹，后来成为人们广为流传的故事，人们从中获得了信心，感受到催人奋进的力量。试想：一个人如果能够重新塑造自己的身体，那么他还有什么不能实现的梦想呢？中学时代，麦克阿瑟充分展示了自己蕴育已久的聪明才智。他用勤奋和智慧告诉人们：我不再是一个劣等生，我是最优秀的学生。

麦克阿瑟所在的军事中学一直沿袭传统的教学模式，固定而死板。教师们的讲课方式非常单一，对学生进行一种极其刻板的教育。例如，在数学课上，老师总是要求学生按照他的思路求解数学题目。有一次，数学老师在黑板上出了一道题。同学们都按照老师曾经讲过的方法开始了一种复杂的运算。只有阿瑟没有那样做。他想出了一种简单的方式很快就得出了答案。他做题的速度令老师吃惊，当被问及原由时，他回答道："数学是一门艺术，我们为什么要拒绝深入探索的乐趣，而去死守着千年不变的东西呢？"麦克阿瑟的大胆回答令老师和同学瞠目，而他触类旁通的能力又令大家佩服。

从此，老师和同学开始对麦克阿瑟刮目相看了。中学时期的麦克阿瑟一直保持着优良的学习成绩。他是个珍视荣誉的人。童年的学习经历曾经使他心悸，从他发誓要努力在学习上超越别人的那一刻起，这种执著向上的追求就再没有动摇过。他甚至不能容忍自己落在班级任何一个同学的后面，他把任何同窗的领先都看作是学习上的一种挑战，把这种挑战看成是不断前进的动力，鼓舞着自己不懈向前，取得一个又一个更好的成绩。

功夫不负有心人。1897 年，当麦克阿瑟中学毕业的时候，他的学习成绩平均分是97.33分。对麦克阿瑟来说，这是个非常难能可贵的奖励。在毕业典礼上，学校授予他金质奖章，并让他代表全体毕业生致告别辞。这是他第一次享有这么大的荣誉，他深深体验到其中的兴奋和满足。

“我那时才真正明白，”麦克阿瑟回忆说，“任何努力都不会白费，上帝会在任何地方注视你，记录你所付出的多少。总有一天，他会将你所付出的辛苦与汗水变成荣誉回报给你。”

在中学读书期间，麦克阿瑟爱上了球类运动。他喜欢足球和网球，棒球和篮球也玩得很不错。麦克阿瑟热衷于具有强烈竞技色彩并需要付出巨大耐力的体育项目。他认为，体育运动是最公正的竞争，你的技巧、你的身体素质、你的风度都将因此而全面地展示在众人面前。麦克阿瑟的一生充满了传奇色彩，他是一个善于创造奇迹的人，更是一个乐于欣赏自己所创造的奇迹的人。他总是希望他所创造的辉煌能够成为众人注目的焦点，被大家艳羡不已。在一次网球比赛中，麦克阿瑟真正成了学校的焦点人物。

网球比赛是学校每年的重要赛事之一，被舆论所关注，若成为其中的佼佼者，无疑会变成学校里的风云人物。麦克阿瑟充分意识到这一点。在四年级的时候，他参加了网球比赛。这时的麦克阿瑟已有多年打网球的历史。早在小学时，他就爱上了这项运动。父亲和哥哥都是他陪练的对手。麦克阿瑟十分重视网球比赛中力量的分配和战术的应用，他偏好灵活的技巧性打法。在报名时，他就踌躇满志地想大显身手，一举夺魁。

那时候有个五年级的学生，曾蝉联了几年的冠军，此番更是志在必得。当麦克阿瑟顺利通过初赛、复赛从而获得了决赛权时，这位以“常胜将军”著称的学兄根本没把麦克阿瑟放在眼里。当他得知麦克阿瑟还曾是位“软弱的家伙”时就更加洋洋自得了。麦克阿瑟没有被他盛气凌人的气焰所吓倒，他沉着冷静地分析了对方的长处和不足，做好了充分的赛前准备。

比赛的那一天热闹非凡，同学们纷纷赶到网球场观看比赛。在啦啦队的呼叫声中，比赛开始了。麦克阿瑟趁对手没有提高警惕、全力以赴之机拿下第一盘，获得了观众心理上的认可。在同学们欢呼叫好的激励下，麦

克阿瑟越战越勇，而那位学兄却方寸大乱。这是一场异常精彩激烈的比赛。麦克阿瑟以其娴熟的技术和良好的心理状态击败了对方，获得冠军称号。麦克阿瑟打赢了“常胜将军”的消息不胫而走，他成了同学们羡慕的英雄。

中学时代，麦克阿瑟的个子已长到了1.76米，体重超过了59千克。还是个新生的时候，他就渴望进入校队踢足球。两年后，麦克阿瑟如愿以偿，进入第一代表队。但到赛季过半时，他始终是个替补队员，从来没有机会上场。在一个星期六的下午，当球队为即将到来的一场比赛做准备时，教练员宣布调整球队的阵容，他说：“右后卫，麦克阿瑟。”

麦克阿瑟永远也忘不了这句话，这使他兴奋得无以复加。后来他说：“一旦我上了场，我就绝不让其他人再回到这个位置上来。在这个赛季的其他时间里，第一线后卫的差事一直是我的。在我升入高年级、个子长得更高大一些时，一开场我就成了发令员。”

那一年9月来临，军事中学的球队开会，为体重达到61千克的大个子选手成立一个新的分队，麦克阿瑟被选为这支球队的队长，充当中卫，后来担任后卫。

麦克阿瑟喜欢在底线附近争夺。它的重要性不亚于生活中的任何东西——两个躯体之间的碰撞，一个决心前进，而另一个决心抵抗。一个人对一个人，阻挡、拖抱、突破防线。

麦克阿瑟一生都是个球迷。在艰苦的战争年代，他也没有忘记抓住难得的几次机会看电视，了解美国足球队的比赛状况。他甚至试图想把这一喜好感染给他的妻子琼，总是爱滔滔不绝地在她面前讲球赛的细节，害得琼直打瞌睡。还有一件事，让麦克阿琴难以忘怀。

有一段时间，学校新调来的校长罗伯特·威尔逊为了保持收支平衡，决定停止部分教职工的工作，并且给其他人减薪。校长计划将这一行动在学生回家过感恩节的一周假期内实施。

当教职工和学生们听到这个消息后，大家的不满情绪像燎原烈火在校园内燃起。因为这次辞退将耽误许多高年级和低年级学生的功课，特别是影响高年级学生的毕业计划。

学生们在感恩节前的一个星期五的下午，成立了一个委员会，来决定是否要号召学生起来罢课。麦克阿瑟被选为委员会的新生代表。那个星期六晚上，在理事们开会批准校长的裁减方案时，学生委员会也在等待着。

不一会儿，会议结束了，理事们脸上的表情告诉学生们，决定已经作出，斧头就要落下来了。这时，学院小教堂的钟声响起来了，拉钟的是学生委员会。听到这个信号，学生们，还有许多教师，纷纷从校园的四面八方走向小教堂，小教堂很快挤满了人。

因为麦克阿瑟是新生，不像高年级学生那样，在避免削减教员问题上有既得利益，所以他被选出来陈述学生委员会的罢课建议。麦克阿瑟指出，这种裁员不仅威胁到高年级同学的毕业文凭，而且威胁到低年级同学的学习热情。麦克阿瑟还说，学校行政当局对学生们尽力提出节省经费的其他方法置之不理，而后又想趁学生们离开学校时偷偷地一举裁免教员，这是不公正的。

这是他第一次演讲。麦克阿瑟感到，在他的生活中，他的话第一次产生这样的影响，抓住了听众的心，这真是令人振奋！他每讲一句话，有时甚至只说一个单词之后，听众就会掀起一阵雷鸣般的掌声，不一会儿，他仿佛就和听众融为一体了。当他发出对罢课进行表决的号召时，会场起立，掌声震耳，用呼唤声通过了罢课的提议。

这件事后来对麦克阿瑟的成长无疑产生了很大的影响，他从中得到了很大的震撼。麦克阿瑟深深感到：一个有组织的群体能够产生巨大的人格力量和震慑效果。

在中学期间，麦克阿瑟最喜爱的功课是历史课。他认为历史是伟人们的个人品质所决定的。他们以其爱国主义、自我牺牲精神和巨大的力量推动了历史的前进。甚至在上学前，他就喜欢听爷爷或父亲讲历史故事，伟人尤其是军事家的功业。

他读了许多这方面的著作。他尤其喜欢苏格兰诗人瓦尔特·司各特爵士的作品。瓦尔特的史诗描写了苏格兰的生活、传说、部族、风俗和侠士等，这些都增强了麦克阿瑟对传统文化和风俗的理解。荷马史诗中的《伊利亚特》和《奥德赛》，讲述了人类为了反抗悲惨命运而进行的不屈不挠的

斗争，它引导年轻的麦克阿瑟去思考人类如何去与命运抗争，创造自己的未来。色诺芬在《远征记》中刻画了千军万马克服重重艰险、远征攸克塞姆海，这使麦克阿瑟羡慕不已。他尤其敬佩远征军最高统帅小居鲁士大无畏的英雄气概。莎士比亚在悲剧中探索了人类自身的冲突，揭露了一部分人自私而丑恶的灵魂，赞扬了人间的真善美；还有《旧约》谈到了公正与邪恶的斗争；麦考利的《古罗马诗歌》和吉卜林的史诗读起来朗朗上口，乐趣无穷。所有这些都使他赞叹不已。

伟人的著作和诗歌对麦克阿瑟产生了巨大的影响。在阅读这些著作时，他常常产生幻想，仿佛自己就是历史时代中的一名斗士，或是一名古希腊的披甲步兵，或是一名古罗马军团的战士，或是古罗马贝利撒留将军的骑兵，或是勇敢的斯图亚特王朝的苏格兰高地人，或是拿破仑手下在欧洲纵横驰骋的勇士……军事统帅们富有传奇色彩的战争故事更使麦克阿瑟迷恋不已。麦克阿瑟后来在菲律宾及太平洋诸岛的作战行动中充分显示其军事天才。他用兵自如，对关键时间和关键地点的感觉敏锐。在麦克阿瑟的脑海中，时常闪现着恺撒率第 10 军团在高卢的征战，圣女贞德在奥尔良抗击英军，拿破仑在意大利对反法同盟的作战等壮观场面，这些壮观的历史画卷在他眼前充分展示了充满活力的个人领导才能和神秘莫测的军事艺术魅力。这些军事家作战英勇，指挥有方，充满自信，战绩赫赫，成为麦克阿瑟崇拜的偶像和效法的楷模。他把历史作为理解现在、预知未来的钥匙。

麦克阿瑟是一位有着很深文化素养的将领，这是与他从中学开始就对书产生的那种痴迷分不开的。在中学的几年中，每周六他都要去州立图书馆，在那里一呆就是一天，乐不知疲。他对书的选择范围很广，无论是政治、经济，还是人文方面的书籍他都非常感兴趣。他常常会拿马克思在大英图书馆中的经历来鼓励自己。

他认为，书是世界上最神奇的事物，它们能够告诉你想要知道的一切。麦克阿瑟一生经历了人类历史上三次重大的战争（第一次世界大战、第二次世界大战、朝鲜战争）。青少年时代得来的广博知识，为他的军事功绩奠定了不可动摇的基础。他曾这样说：“军事比其他大多数职业更需要依靠前人的智慧和韬略作为制定未来方案的参考。”而读书无疑是获得前人经验的最佳的途经。在这期间，麦克阿瑟一直同父母住在军营里。他们的邻居都是军人及他们的家属。这是一个不平常的小世界，正是在这里，麦克阿瑟学到了终生指导他的价值观和行为准则。

在军营里，几乎每个人都彼此相识，而且正因为他们彼此相识，所以他们总是相互关照。如果有人患病，当晚就会有邻居给他们送去晚饭。

记得有一次，麦克阿瑟的一位邻居——一个上尉，不幸牺牲了。消息传来，军营中的人们都聚集在营房旁的小教堂里，肩并肩地为死者祈祷。麦克阿瑟回忆说：“我们站在那里，真诚地为死者祈祷。我知道，如果我有不幸，他们也会为我祈祷的。”战争是残酷的，战争使那些面临生离死别的人紧紧地联系在一起。

麦克阿瑟在这种环境长大，切身体验到人们之间的团结友爱，众志成城，与共同的命运抗争，这是地球上最强大的力量。它能帮助人们克服天大的逆境。麦克阿瑟懂得了，努力是生活的实质内容——归根结底——你不能不劳而获。他学会了赞赏那些具有开拓精神和冒险精神的人，学会了关怀和帮助别人。

人的梦想可能不同，但每个人都努力使他的梦想变成现实。并非每个人都能成为伟人，但任何人都要求在生活中有所作为，从而产生某种自豪感和成就感。如果为了国家的荣誉和利益，人们能够把自己的梦想紧密联结在一起，那么它产生的，就是一种无法估量的力量。

在中学的最后一年，麦克阿瑟开始考虑自己的未来道路了。麦克阿瑟小的时候曾梦想成为一名飞行员，他一直喜欢听飞机隆隆拂过耳畔的声音。他觉得，在飞机上，人将接触到一个与众不同的世界：崭新和开阔。这种视觉感受是相当吸引人的，它会使你不由自主地变得豁达，同时全身心地体味自由飞翔的快乐。麦克阿瑟也想过当一名作家。他从小爱看书，爱写作。他把能够用文字描述自己的感受作为一种莫大的享受。他梦想自己也能够出版许多的著作，使千千万万的人从中受到启迪，获得智慧和力量。

然而，一次偶然的机会，他看了一本关于华盛顿的传记，伟人的经历和成就深深地吸引了他。麦克阿瑟从此踏上了实现他的伟人梦的道路。

可是，究竟哪一条途径、哪一个职业能成就自己的满怀壮志呢？麦克阿瑟生在军营，长在军营，经常看军人们操演部队，或是听士兵们讲故事，他耳濡目染的都是军人的世界，都是军人的风采和魅力。父母的教育、环境的影响，使他举手投足中都有军人的影子。麦克阿瑟的父母也暗暗希望他能成为一名军人。

然而，作为开明的父母亲，阿瑟第二和平克尼对孩子的前途从未横加干涉。他们只是潜移默化地影响孩子们，让他们有教养、开朗而诚实。父母亲把希望寄托在孩子们身上，教导孩子们要自力更生、正直、笃信上帝、有上进心。他们鼓励孩子们在外面广阔的天地里去创业。他们对孩子们说："如果你呆在家里，父母就会把你一直当孩子来对待，你也就失去了去抗争、去拼搏、去流血的机会。同时，你也失去了成长为真正男子汉的机会。"

麦克阿瑟完全领悟了父母亲的一片苦心。许多年后，当从军的麦克阿瑟谈及如何开始军事生涯时，他说："父母从来都没有强迫我们去选择将来干这行或者那一行。他们所做的，只是培养我们的勇气和毅力，塑造我们的品质和意志。他们的经历当然也对我提出了暗示，但我要说的是，我选择成为一名军人，完全是我自己的选择。从我内心深处来说，这是最崇高的最无悔的选择。父母只是默默地站在我们身后，注视着我们成长的步伐，我从未听到父亲要我们哪一个必须成什么样的人。"事实上，是几件事的出现，坚定了麦克阿瑟要成为一名军人的信念，使他最终走上了戎马一生的道路。

其中一件事发生在毕业前夕。历史老师叫同学们交一份毕业论文，要求同学们选择一位历史人物加以描述并对其进行评价。许多同学选择了美国的著名总统和著名议员们，还有人选择了英国王室和贵族，都是些当时同学们普遍感兴趣的人物。唯有麦克阿瑟选择了拿破仑。拿破仑是他很喜爱的一位将领。他曾粗浅地了解过拿破仑的功绩，但从未做过深入的研究。利用这次作论文的机会，麦克阿瑟走进了图书馆，翻阅了大量关于拿破仑的著作，开始了对这个伟人的探究。

连麦克阿瑟自己也没有料到，他竟然被这些书深深吸引了。拿破伦领导的一次次以少胜多、以弱制强的辉煌战役使阿瑟陷入了对军事知识的迷恋之中。他沿着历史的足迹，走入拿破仑不凡的一生，从远征意大利，名震欧洲到雾月十八日政变，建立帝国；从奇袭奥军的马伦哥战役到赢得欧洲第一名将荣誉的奥斯特里茨战役，直至战果辉煌的耶拿战役的弗里德兰战役。拿破仑指挥千军万马浴血鏖战的历史，运筹帷幄驰骋沙场的大将风度，使麦克阿瑟从儿时就朦朦胧胧产生的对军人的崇敬深化升华了。他后来在上交的报告中写道："军事思想、指挥艺术和治军方法是一门妙不可言的学问，军人掌握了它就具备了叱咤风云的前提条件。拿破仑是真正的军事艺术的巨匠，是他，赋予战争以灵魂。"

于是，麦克阿瑟的心中，开始有了从军的冲动和欲望。

另一件事是关于阿瑟的父亲麦克阿瑟第二的。麦克阿瑟一直崇拜他的父亲。在他看来，他的父亲作战英勇、有高尚的品质、理想远大，是他"行动的楷模，前进的灯塔"。有一天，母亲平克尼和小儿子在一起闲谈，他们谈到了麦克阿瑟的父亲。"父亲从军很久了！"麦克阿瑟说。

"整整 35 年了。"做母亲的回答。而后，她又接着说："你知道吗？道格，你父亲参军时和你现在一样，也只有 17 岁。"

"父亲读过军校吗？"

"很遗憾。那个时候，你父亲非常希望能够进入西点军校。可是最终没能如愿。于是，他只有选择了从军，从一名中尉做起，那是成为一名军人为国效力的唯一办法。"

"父亲没能进入西点军校，成为他终身的憾事，"麦克阿瑟心里想，"我可以帮他实现这一愿望，让父亲感到安慰。"

此时，麦克阿瑟突然想起了爷爷，想起了可亲可敬的爷爷临终的遗言。就是在上一年，当爷爷即将告别尘世时，他曾经拉着阿瑟的手，吃力地说："道格，我亲爱的孩子，你要努力奋斗，像你父亲一样。"

"对，像父亲一样！像他一样勇敢，一样坚强。像他一样做一名优秀的军人，为国家的荣誉而战！"

如果说幼年时的麦克阿瑟只是怀着一种朦朦胧胧的崇敬军人的情感的

话，那么在从中学毕业后，他已明确了自己一生追求的目标：成为一名军人，成为一名伟大的军人。他认为，所有的伟人都是通过对周围环境的控制和驾驭而达到显赫地位的。他觉得自己的专长就在军事领域。为此，他重视荣誉和声望胜过生命，只有继承了父亲崇高的职业，才能为国家展示超群的才干，为国家作出贡献。

所以，中学毕业后，麦克阿瑟毫不犹豫地报考了当时心目中的圣地——陆军军官学校的最高学府西点军校。此时，他并不知道未来对他意味着什么，将来的路途中有怎样的挫折在等待着他。他也没有料到，他将成为西点历史上最优秀的学生、西点的骄傲，还成了西点的校长。在多年之后，他会面对西点的芸芸众生，发表他著名的演说。此时，他的心中，只有一种信念，那就是：奋斗、奋斗、不断向前！

贵族出身的元帅——图哈切夫斯基

图哈切夫斯基，前苏联最早五元帅之一，军事战略学家，1893 年生于斯摩棱斯克省多罗戈布日县亚历山德罗夫斯科耶庄园（今斯摩棱斯克省萨福诺沃区斯列德涅沃村附近），1914 年毕业于亚历山大军事学校，获中尉军衔。他参加过第一次世界大战，1915 年被俘，1917 年逃回俄国，1918 年加入前苏联共产党。

童年和少年

图哈切夫斯基，全名米哈伊尔·尼古拉耶维奇·图哈切夫斯基，出生在俄国的一个世袭贵族家庭。世袭贵族在当时的俄国是享有很多优惠的待遇的，比如免税，免除体罚，还有获得世袭领地等等许多让人羡慕的好处。一般获得的世袭领地有好几百亩，多的甚至达到上千上万亩。而且这些领地土质肥沃，风景优美。对于俄国其他等级的人来说，这些待遇都是可望而不可即的。世袭贵族还可以荫及子孙。图哈切夫斯基的祖先从 17 世纪下半期就开始服军役，并且获得了世袭贵族的称号。到了图哈切夫斯基的父亲尼古拉·尼古拉耶维奇时，已经不在军队服役了，而是住在斯摩棱斯克省多罗戈布日县亚历山大德罗夫斯科耶领地（即现今的斯摩棱斯克省萨福诺沃区斯列德涅村附近）。这处领地依山傍水，风景美丽极了。山上长着各种各样的树木、花草，到了夏天，山野一片葱绿；冬天，白雪皑皑。这里不仅山美，水也美。夏日里河水清澈见底，鱼儿在水中翔游、嬉戏；老人们拿着钓鱼杆、带着鱼饵、坐在岸边自得其乐，孩子们在水中游泳、打水仗。冬季，孩子们在冰上滑冰、滚冰。好一个吸引人的圣地！

1893 年 2 月 16 日，米哈伊尔·尼古拉耶维奇·图哈切夫斯基呱呱坠地，并在这里度过了难忘的童年时光。当小图哈切夫斯基来到这个世界上的时候，他的祖母索菲娅·阿列芙京诺芙娜还健在。祖母是个受过教育、知书达理的人，而且她性格活泼开朗，是个受人尊敬的长者。仅受过教育这一点，在当时就已经很了不起了。祖母年纪已经很大了，但她的身体依然很健康，而且精神矍烁，仍然能操持家务、料理领地。祖母看到孙子图哈切夫斯基的出世，乐得合不拢嘴，整天地抱呀、亲呀，高兴极了。图哈切夫斯基对这个世界充满着好奇，从不安静地呆一会儿，总是睁大好奇的眼睛，看着、听着这世界。

祖母虽然勤于劳作，悉心料理领地，但由于经营不善，领地先是被抵押出去，后来干脆被卖掉。祖母留恋这里的一草一木，留恋这里的山山水水。但是由于债务危机，不得不离开这块领地。图哈切夫斯基一家只好迁往祖母在奔萨省巴尔县的弗拉日科耶领地。还好，弗拉日科耶领地的景色也很美丽，祖母沉闷的心情稍觉开朗；到达领地的当天，图哈切夫斯基一家还举行了小型的庆祝活动。图哈切夫斯基的父亲尼古拉·尼古拉耶维奇长得高大魁梧，黑黑的头发，一双炯炯有神的眼睛，显得非常英俊。他受过良好的教育，文化修养很高，谈吐幽默、风趣，而且由于他平易近人，孩子们很愿意和他相处。他讲故事引人入胜，孩子们总是乐意围着他打转。有一次，孩子们听他讲故事，居然忘记了吃晚饭，直到母亲们把他们强行拉回家去，他们才感到饥肠辘辘了。吃完晚饭后，又继续纠缠着尼古拉耶维奇，直到很晚了，他们才离去。尼古拉耶维奇性格外向，喜欢交往，喜欢结交一些文人雅士，和他们谈天说地，好不惬意。尼古拉耶维奇还爱好音乐，喜欢过田园式的生活，热爱大自然。他常常徒步漫游，常常达一个小时之久，直到兴尽体倦，才想起回家。他不愿受封建道德观念的束缚，不信奉上帝，认为上帝是根本不存在的，而且还鼓动别人不要信仰上帝，说那是一种愚蠢的想法。因此，他被当地贵族所痛恨，他们常常公开反对他、远离他，但他并不因此而屈服。他还常常阅读一些关于无神论的书，更加坚信上帝是不存在的。更使当地贵族不能容忍的是，他不顾世袭贵族的身份，要娶普通农民彼得·普罗霍维奇的女儿玛芙拉·彼得罗芙娜做妻子。

彼得罗芙娜中等个儿，身材苗条，一双明媚传神的眼睛令许多男士为之倾慕。她心地善良，性格温柔，能和别人友好相处，是个温顺善良的好女孩。她虽没有接受过基本的教育，但是她通情达理，勤劳朴实，善于料理家务，还是一个非常有孝心的女孩。正是由于这些优点，尼古拉耶维奇才不顾他的贵族身份，坚持要娶可爱的彼得罗芙娜为妻。在当时的俄国，贵族喜爱农民的女儿的也很多，但能顶住各方面的压力，最终和农民的女儿结合的却很少。

尼古拉耶维奇下定决心向彼得罗芙娜求婚。心地善良、通情达理的彼得罗芙娜其实也很喜欢尼古拉耶维奇，盼望着尼古拉耶维奇能向她求婚。这一天终于来到了，彼得罗芙娜好高兴呀！很是奇怪，就在尼古拉耶维奇向她求婚的那天晚上，彼得罗芙娜居然梦见自己和她心中的白马王子骑着棕色的马驰骋在辽阔的草原上，这就是所说的“日有所思，夜有所梦”吧！在俄国，结婚要求门当户对，或者是娶一个父母有权有势的女孩，借此机会可以进入上流社会。尼古拉这样做就失去了进入仕途和进入上流社会的机会，但他勇往直前，毅然娶了彼得罗芙娜小姐。结婚那天，彼得罗芙娜打扮得特别漂亮、高雅。尼古拉耶维奇看着他的心上人，幸福的微笑洋溢在他的脸上。亲人们欢呼雀跃，祝福这对新人，祝福他们白头偕老，祝福他们携手共创美好人生。彼得罗芙娜的心里好甜，她为能拥有这样一位稳健、豁达的丈夫而心满意足。

然而，由于尼古拉耶维奇和彼得罗芙娜小姐的结合，使得他和贵族的隔阂日益加深，自由主义色彩愈加浓厚。他越来越痛恨贵族阶层，愿意与普通农民交往，和他们谈心，了解他们的疾苦，深入他们的生活，帮助他们解决一些自己力所能及的问题。伟大的十月社会主义革命后，当地的农民并没有忘记图哈切夫斯基一家对他们的恩惠和帮助，农民大会经研究决定分给他家两头母牛、两匹马和全部的农具。也正是在父母的影响下，孩子们从小就和农民有很多的接触，和农民的孩子一起玩捉迷藏、荡秋千等游戏，还和农民一起到田间去，虽然不会耕作，但是耳濡目染，孩子们也养成了爱劳动的习惯。有时候，孩子们跟着到农民家里去，品尝着他们从没有吃过的饭菜，他们吃得津津有味，回家嚷着要妈妈做给他们吃。

图哈切夫斯基的父母共生了 9 个孩子，4 个男孩和 5 个女孩。图哈切夫斯基排行第三。孩提时代的他就异常活泼，非常爱动。如果有一会儿他坐在那里不动了，那他就是身体不舒服，父母就要忙着带他去看医生。生性爱动的他变着法儿淘气，整天在外边和小朋友们玩耍，从不知道什么是累。他常和小朋友们做的游戏是捉迷藏。他非常机灵，每当眼睛被蒙住的小朋友开始抓人时，小图哈切夫斯基轻轻地踮着脚走，牵着那个小朋友的鼻子走，可是那个小朋友就是抓不到他，弄得小图哈切夫斯基总是开心地大笑。他还喜欢和小朋友们一起围坐在父母身边，听他们讲故事。小图哈切夫斯基也常因一些古怪的把戏受到大人的惩罚，但是小图哈切夫斯基并不在意，只过一小会儿，他就又有说有笑继续玩他的游戏了。他还喜欢玩战争游戏，常和小伙伴们摔跤。有时他被摔倒了，但他能坚强地站起来，还和小朋友握握手，表示佩服，他并不记恨把他摔倒的小朋友，而且还有些尊敬呢。有的比他大一点儿的小朋友欺负他，他并不报复，也不去找父母。当别人批评欺负他的小朋友时，他还为人家讲情，弄得那个小朋友也不好意思欺负他了，而且还成了他亲密的好朋友呢！图哈切夫斯基很小就敢骑马。就为这个，父亲特地为他买了一匹温顺的小马。父亲把他抱上马，他居然还嚷着要鞭子，好像要骑着他心爱的小马去驰骋疆场。图哈切夫斯基不仅爱骑马，更爱护他可爱的马，经常去看小马的饮食状况，偶尔还拿着梳子，让父亲为小马梳鬃。小马也好像和小图哈切夫斯基建立了友情，每当小图哈切夫斯基一出现，小马就用蹄子刨地，表示很欢迎小图哈切夫斯基的到来。小图哈切夫斯基稍微长大一点儿的时候，便开始玩哑铃、杠铃，锻炼握力和拉力，天天坚持，日子久了，小图哈切夫斯基身上的肌肉就开始明显地突起，力气也比同龄人大得多，和小朋友们扳手腕时，他毫不费力就能把小朋友扳倒。有的小朋友用两只手也不是他的对手。这几种活动不仅

增强了他的体质，也磨炼了小图哈切夫斯基顽强的毅力。

图哈切夫斯基全家充满了相互理解、相互尊重的和睦气氛。这为孩子们树立了好榜样。也正是由于生长在这样的家庭里，图哈切夫斯基从小养成了尊敬他人、热爱劳动、诚实正直、有高度的社会责任感等等这些最可贵的品质。父亲尼古拉耶维奇愤世嫉俗的思想、不信仰上帝的观念，都深深地影响了小图哈切夫斯基。母亲对劳动人民的同情，以及对劳动人民的帮助，都在他幼小的心灵里扎下了根。随着他年龄的增长、社会阅历的加深、文化科学知识的丰富，他就越来越憎恨社会不公平现象，越来越怀疑沙皇专制制度的公正性，与统治阶级的隔阂也日渐增大。

理想和志向

图哈切夫斯基从小就想当一名军人。他通过各种体育活动有意识地增强自己的体魄，磨炼自己的意志。小图哈切夫斯基很羡慕身着军装的人，嚷嚷着要买一身军装穿穿。

一次，父亲从外省回来时真的给小图哈切夫斯基买回一套军装，他高兴得直亲爸爸。噢，身穿军装的小图哈切夫斯基俨然一名戎装待发的小战士，他那自豪得意的样子，真是可爱！小图哈切夫斯基还很爱读书，尤其是军事方面的书。后来无论在学生时代，还是在被俘期间，或者是在打仗的空隙间，只要一有机会，他仍然会拿起书来。在他受命组建第一集团军的那些紧张的日子里，他也一心想着读书，只是到哪里去弄书呢？那些天真是苦坏了图哈切夫斯基。忽然，他灵机一动，决定吩咐奔萨省的革命军事委员会，向战前曾在奔萨驻扎的所有部队征集图书。这一招还真灵，部队征集到了好多书，有关经济的、地理的、历史的、政治方面的，还有小说文艺书刊，但更多的是军事方面的书，高兴得图哈切夫斯基简直手舞足蹈起来。他经过认真筛选，在司令部设立了第一个初见规模的图书馆，此举可称得上是个创举，一些爱读书的军官经常到图书馆选自己喜欢看的书。有一些军官还真争气，考上了不同的军事院校，为第一集团军争了光，露了脸。图哈切夫斯基也受到上级领导的表扬。

图哈切夫斯基最喜欢看的书是描写历史上著名军事统帅或描写战争方面的书，看这些书能使他废寝忘食。他最崇拜的英雄是俄国著名的军事家苏沃洛夫元帅。阿·夫·佩特鲁耶夫写的《大元帅苏沃洛夫公爵》一书，他几乎一行行一字字地琢磨。有的句子他能一字不差地背诵下来。哪部分内容在哪页，以及前后的内容，他都极其清楚。每逢读到妙处，他能几个小时一动不动地坐在那里。母亲来叫他吃饭，他也听而不闻，还沉浸在书里。这些书他都逐渐地吸进脑子里，在他的心灵深处扎了根，想当一名军人的愿望也由此而生。他还喜欢读列夫·托尔斯泰的长篇小说《战争与和平》等等一系列书籍。

读了这些书，为他以后作战、在战场上叱咤风云打下了坚实的军事理论功底。由于有军事上的雄才大略、机敏而善于思考的头脑、当机立断而又敢于冒险的作战风格，他刚刚参加革命，便在战争中屡建战功。即使在众多的功臣名将中，他也是个佼佼者，因此得到了“红色拿破仑”的雅号。当然，这个称号也包含了其他多层的意思：一是他本人崇尚拿破仑；二是他具备拿破仑式的头脑和军事天才；三是他具备拿破仑式的独断风格和“野心勃勃”。

图哈切夫斯基还希望自己成为一名音乐家或小提琴手。图哈切夫斯基的祖母曾拜尼古拉·鲁宾施泰因为师，弹得一手美妙的钢琴。也许是由于遗传因素，图哈切夫斯基自幼就从父亲和祖母那里继承了酷爱音乐的传统。每当乐声响起，小图哈切夫斯基不管在做什么都要跑到钢琴边，聆听美妙的音乐。图哈切夫斯基家里的陈设很简单，室内只装饰有几面大镜子和两架钢琴。据说，其中的一架是鲁宾施泰因专用的。父亲尼古拉耶维奇和祖母常常并排坐在钢琴边，用四只手出色地合奏。他们喜爱的作曲家有莫扎特、贝多芬和肖邦等等。

由于生长在这样的家庭氛围里，孩子们个个都对音乐产生了兴趣。他们还开始学习乐理知识，那每一串音符对他们来说都是一种美妙的旋律。

他们一有时间，就请父亲和祖母教他们乐理和弹奏钢琴。一开始，他们不太听使唤的手指弹奏钢琴时软绵绵的，没有力气。父亲和祖母就手把手地教，一遍不行，两遍；两遍不行，三遍。这样练习了几天，才有了些进步。孩子们下定决心练好钢琴。他们总是坐在钢琴前，废寝忘食地练习。这样练了不久，父亲和祖母的脸上都露出了微笑。图哈切夫斯基的哥哥亚历山大和最小的弟弟伊戈尔经过努力先后都考上了音乐学院，尤其是弟弟伊戈尔被当地的人认为是“神童”，每当他演奏钢琴时，人们不管手中正在干什么活，都会不约而同地停下来，聆听他的演奏。当兄弟俩离家去音乐学院的时候，很多人都来送行。图哈切夫斯基钢琴弹得不错，小提琴拉得也很好，他很高兴独自在树林边、在小溪旁、在山上、在田野里拉他的小提琴，好让大地、山川、河流都能与他共享音乐的美妙。他想象着每当他演奏的时候，原本寂静的森林微微拂动（当然，这是风的作用），原本自由游动的鱼儿会凑在一起，一会儿静下来听音乐，一会又议论评价一番：噢，真是个了不起的小提琴家哩！图哈切夫斯基不仅仅会拉小提琴，他还会自己动手自制小提琴呢！当他成为苏军元帅时，他自制了最后一把小提琴。

当时，孩子们经常聚在一起，有时是在家里，有时是在草坪上，也有时是在平坦的田野里，举行小小的音乐会。音乐会一般都由图哈切夫斯基主持，这是因为他是音乐会的主角的缘故。他能即兴编出幽默、滑稽的讽刺小诗，逗得小朋友们捧腹大笑。小图哈切夫斯基也很爱好画画。他画的山呀、水呀、鸟呀等等都形象逼真，虽算不上什么名家之作，但也可引以为自豪了。在学生时代，他也未放弃过画画。同学们毕业时，他还为他们素描，为他们画学校的桌椅、操场，画学校的房屋，以便让他们永远记住学生时代，记住他们曾经在一起的日子。他绘画的爱好一直保持着，即使在最紧张的战争岁月，他也未放弃过绘画。

对于图哈切夫斯基一家来说，最愉快的日子还是在奔萨省的弗拉日科耶领地度过的。只要看一张保存下来的当时的全家福，就可以领略一二了。全家福活生生地再现了他们在弗拉日科耶生活的情景：木头房的墙上挂着祖母阿列芙京诺芙娜的老师鲁宾施泰因的大画像，房间里还摆着乐谱架、钢琴，钢琴旁坐着祖母，祖母面带微笑，好像这一切都使她心满意足了。

祖母的身后站着一大群孙子孙女们，男孩们的脸上都流露出顽皮的神色，而女孩子们呢，则显得矜持、高雅。当时的图哈切夫斯基正在奔萨第一中学低年级学习。照片里的他身穿学生短制服，显得格外精神。

学生时代

童年时代的图哈切夫斯基渴求知识，希望早日走进学校的大门。每当看到小哥哥小姐姐们背着书包高高兴兴去上学的时候，他的心里直痒痒，回到家里央求爸爸妈妈：我要去上学，我要去上学。爸爸妈妈耐心地告诉他：你还小，等你长大了，就送你去上学。最令图哈切夫斯基激动和兴奋的一年终于来到了，那是 1904 年，小图哈切夫斯基被允许上学了。这时图哈切夫斯基一家已从农村搬到了奔萨市。只有夏天孩子们放假时，才回到弗拉日科耶领地。奔萨是一座美丽的小城市，尤其在文学方面颇有名望：谢德林在奔萨服过苦役；作家库普林出生在纳罗夫恰特，并在那里度过了童年；别林斯基在琴巴尔县城里读过书。

到了 20 世纪初，奔萨已成为该省文化中心，城里有各种学校，如男女中学、美术学校。美术学校有大型绘画陈列馆、有藏书丰富的莱蒙托夫图书馆和契诃夫参加创建的别林斯基阅览室。奔萨已不再是谢德林给安年科夫信中描写的那个“讨厌的小城”，而被称为“莫尔多的雅典”。这里的学校教学质量很高，吸引了许多其他城市的学生。学校里有设备齐全的活动场地，有单杠、双杠、秋千、篮球场地、足球场地、乒乓球场地，还有其他许多供同学们活动的地方。同学们在紧张的学习之余，可以再适当地做一些体育活动，活动活动筋骨，真是个让人羡慕的地方。这里顺便提一下，19 世纪 60 年代的奔萨曾是波兰革命者的流放地，后来又是民粹党人的流放地，19 世纪又成了社会民主党人的流放地。流放者的激进思想不能不对这个小城市的知识分子产生影响。

然而图哈切夫斯基于 1904 ~ 1909 年在奔萨第一中学学习的经历却是令

他深感失望的。这所学校所使用的教材内容陈旧，老师所采用的“填鸭式”的教学方法使学生们感到乏味。课上许多学生昏昏欲睡，但又在老师的教鞭的驱使下，被迫听那些枯燥没趣的东西。这种教学方法严重压抑了学生个性的发展，使学生不能积极主动地提出问题、分析问题、解决问题。从小性格开朗、生性爱动的图哈切夫斯基对这种教学方法更加反感，对学习没有兴趣。学校保存下来的档案中对他的学习情况是这样记载的：“尽管有才能，但学习不好”，“勤奋——3 分”，“注意力——2 分”，“全年旷课 127 节”，“因在课堂上说话受处分 3 次”，“不学习神学”。与此形成鲜明对比的是，图哈切夫斯基非常喜欢天文学，喜欢体育活动。他常常在夜晚观察广阔无垠的星空，翻阅关于天文学方面的书籍。他喜欢的体育活动如体操，成绩名列全年级第一名。他还喜欢摔跤运动。由于经常进行体育锻炼，在全年级学生中属他的力气最大，被同学们称为“河马”。他还允许别人在他脊背上打，但从来没有人打得过他。图哈切夫斯基的同学们一致认为：不是图哈切夫斯基学习不好，是那种教学方法丝毫不能激发他的学习兴趣。课堂上那种死气沉沉的气氛令他难以忍受。他总是身在课堂里，心却早已飞到广阔的校园外。短短的四五十分钟，使他如坐针毡，总是盼望着早点儿下课。每当下课铃声响起，他就飞快地冲出教室，开始进行体育锻炼。童年时代对上学的向往早已烟消云散。

他对教员板着面孔、大声挖苦、嘲笑学生的做法非常气愤。他对教员的态度也是很随便的，尤其是对那位教授神学课的神甫。有好几次，当神甫用软绵绵的、甜蜜蜜的语调讲授那些奇迹之后，图哈切夫斯基大胆地站起来，并很有礼貌地说：“神甫，您下节课还给我们讲神话吗?”把神甫给气坏了，但他也拿图哈切夫斯基没法，只有把他赶出教室。这种举动并不是图哈切夫斯基暂时的冲动和胡闹，也不只是表面上简单地模仿他的父亲尼古拉耶维奇，而是在他的心灵里早有这种反宗教意识。他不相信什么上帝、神灵的存在，而且经常告诉其他的人，不要相信神，神灵、上帝是根本不存在的。在上中学时，他常常把批驳圣经的小册子拆开，公开、大胆地贴在房间墙壁上，还在上面写了一幅横批：“如果没有上帝，就应当把它造出来。”

有一次当地警察局长偏巧看到了这横幅，明知故问图哈切夫斯基这横幅的含意。图哈切夫斯基正要大声解释它的含意，父亲尼古拉耶维奇急忙把他拦住，并且装作十分生气的样子，撕下了那个横批，大声呵斥图哈切夫斯基几句，告诫他以后不许再贴类似的批语。图哈切夫斯基点头答应，这场风波总算过去了，但是图哈切夫斯基终究还是遇到了麻烦。原来当时每个中学生的考勤簿上都印有“忏悔录”，该“忏悔录”由神甫在大斋期间填写，并由此证明该生是否做了忏悔和进了圣餐，而图哈切夫斯基既没有做忏悔，也没有进圣餐。四年级总算蒙混过去了，可是到了五年级时，班主任老师偶然发现了这个问题，并反映到校方。校长把图哈切夫斯基父亲尼古拉耶维奇叫来，告诉他图哈切夫斯基的所作所为。家里担心让他继续留在学校里不会有好结果，学校一定会开除他，勉强劝他做了忏悔和进了圣餐，但是大家也很清楚图哈切夫斯基必须得离开这个学校了。正是由于这个原因，图哈切夫斯基一家于1909年迁往莫斯科。

图哈切夫斯基在奔萨第一中学上学期间，正是日俄战争时期。日俄战争爆发后不久的1905～1907年，俄国爆发了一场革命，这次革命按其内容来说是资产阶级民主革命；按其斗争的手段来说，又是一次无产阶级革命。这次革命虽然最后失败了，但它却进一步唤醒了俄国人民，使沙皇俄国政府统治的根基遭到强烈的震撼。图哈切夫斯基一家从奔萨迁到莫斯科以后，开始住在乌斯缅卡亚巷一套简陋的公寓里，后来又迁到菲利普港。图哈切夫斯基开始进入一所十年制学校读书。这个学校比奔萨第一中学好得多。教员不是用那种“填鸭式”的教学方法，图哈切夫斯基对学习产生了一些兴趣，学习也变得积极主动一些了。课上他认真听老师讲课，思维也跟着老师转。课下他也能完成老师布置的作业。图哈切夫斯基和同学们友好相处，同学们带着他去参观莫斯科的一些建筑，给他讲学校里以前发生的事情。他也给同学们讲他的家乡奔萨的一些事。图哈切夫斯基在这里愉快地读完了六年级。可是当他毕业时，由于选择的职业不同，他和父亲尼古拉耶维奇发生了争执。图哈切夫斯基从小渴望当一名军人，然而父亲不喜欢他选择这个职业，希望他能在音乐和体育方面发展。但是图哈切夫斯基不愿选择这些职业。最终父亲还是没有说服图哈切夫斯基，任他自己选择职业，也就是允许他选择军人这个职业。图哈切夫斯基好高兴呀！他从十年制学校转到了叶卡捷琳娜第一武备学校。这所学校并不是谁都能进去的，还必须得通过入学考试。可这对于聪明的图哈切夫斯基来说，并不是一件难事。他经过几个月的准备，于 1911 年 8 月通过了考试，而且成绩很好。入学考试过关以后，同学们向他表示祝贺。图哈切夫斯基又拿起他的画笔，开始为同学们作画。他们还举行了小型音乐会，虽然规模不大，但也足以令图哈切夫斯基难以忘怀了。

叶卡捷琳娜第一武备学校的宗旨是使受教育者为君主和国家效劳，牢固树立无限忠于君主的观念和志向。这所学校特别注重教学质量。校长里姆斯基·科尔萨科夫注重提高教师队伍的素质，对教师进行业务培训，并对高质量的老师给予奖励，激发他们的教学热情。在校长的努力下，这所学校以教学质量高而闻名全国，它培养出来的学生在知识水平上超过了普通中学和教会中学。而且这个传统一直保持下来。这所学校除了开设一般中学所开设的课程（拉丁文例外）外，还开设有音乐、体操、击剑、队列训练和“遵照陆军大臣指令开设的舞蹈课”。

进入这所学校学习，使得图哈切夫斯基异常兴奋，什么体操啦，音乐啦……都正合图哈切夫斯基的口味。这时的他和奔萨第一中学时的他简直判若两人。课上，他学习积极主动，积极回答老师的提问。由于他学习勤奋、善于动脑，基础课很出色，经常受到老师的表扬。课下，他积极进行体育锻炼，还独揽了体操、击剑、射击和体育几个项目的一等奖。同学们都对他佩服至极。此时的他并不骄傲，和同学们一起切磋技艺，并帮助他们纠正姿势，这就更加获得了同学们的尊重。到校后不久的他，即被任命为学员班长，这是很少见的。原来武备学校学习成绩第一名的学生，与图哈切夫斯基相比差很多。可见图哈切夫斯基的成绩是多么出色。父亲为儿子的成绩感到自豪，但他并不当面表扬图哈切夫斯基，而是鼓励他继续努力，以实现他的理想。图哈切夫斯基不仅如此，他还利用业余时间读各种书，用专门的笔记本摘下最有趣的军事历史事件、最精彩的战役、著名统帅的格言等等。图哈切夫斯基的记忆力很好，苏沃洛夫的军事遗训他能倒背如流。通过课外读书，图哈切夫斯基大大开阔了视野，他的羽毛已日臻

丰满了。

莫斯科与奔萨相比，对图哈切夫斯基更具吸引力。莫斯科城里，自由空气很浓，各种思想异常活跃，又是文化中心，他可以随意去听音乐会或者去剧院、去电影院。在学校里，学生的思想也很活跃。在学生中秘密传抄手抄本杂志《叶卡捷琳娜军校生》。在这本杂志上刊登着一些对不受学生欢迎的教员的讽刺画以及一些小道消息。学校当局认为这有煽动革命、蛊惑人心的意味，所以这本书被查封了。但是，学生们接受新思想的愿望是锁不住的。在图哈切夫斯基家里，自由空气也很浓，青年人可以在这里无拘无束、海阔天空、自由自在地玩耍，尽情地表明自己的观点和对时局的立场，就自己的未来与俄国的命运进行激烈争论。在争论中不可避免地涉及人生道路的选择问题。这些都对图哈切夫斯基产生了一定的影响。

在叶卡捷琳娜武备学校学习期间，图哈切夫斯基始终名列第一，所以在毕业时，他可以任意选择学校。在当时大多数人的眼里，选择学校的顺序应该是这样排列的：彼得格勒巴甫洛夫军校、米哈伊尔炮兵学校、尼古拉工程学校……然而图哈切夫斯基并不在乎学校牌子，为了实现他成为军人的夙愿，他选择了莫斯科亚历山大军校。因为这所军校虽然牌子不如彼得格勒巴甫洛夫军校，但也是俄国最好的军校之一，在军事训练方面首屈一指，它培养出来的学生大都是出类拔萃的，还没有哪一所学校能比得上它。尤其是在第一次世界大战前，学校由恩·伊·根尼斯特中将担任校长时，更是名声大振。所以当允许图哈切夫斯基选择学校时，他毫不犹豫地选择了这所学校。在学校公布毕业生去向的时候，同学们都紧张地注视着每个人的选择。当宣布图哈切夫斯基选择的是莫斯科亚历山大军校时，同学们都禁不住发出轻轻的叹息声。这大大超出了同学们的预料：为什么选择亚历山大军校，而不是巴甫洛夫军校？巴甫洛夫军校是多少人向往的啊！当同学们问及图哈切夫斯基这个问题时，他只以一笑了之。

图哈切夫斯基进入亚历山大军校后，对学习抓得相当紧，对训练格外认真。他不满足于课堂上学到的知识，不满足已有的结论。他很爱独立思考，常常向老师提问：为什么这样，为什么那样？凡事都要问个为什么，因而对所学课程理解很深。同学们都对他刮目相看。在研究战术问题时，他得出的结论常与教学经验丰富的教官的见解不谋而合。这些教官很喜欢图哈切夫斯基开朗的性格、聪明的头脑、勤奋的学习态度，愿意和他交朋友、聊天、谈论时事。图哈切夫斯基也喜欢听曾经参加过日俄战争的教官的课。这些教官既有丰富的军事理论知识，又有丰富的实战经验，能深入浅出地剖析一些典型战例，他觉得听这样的课很过瘾，因而他学习劲头很足。尤其是在日俄战争后，军校开课完全从实战出发，培养军官的目的完全是为了战争，野外军事训练也进一步强化，夏天将士官生拉到霍斯顿荒原上的临时营房里，在这里摸爬滚打，进行实弹射击。他们还进行战术、地形等训练。图哈切夫斯基整天刻苦训练，不叫苦，不喊累，训练自己过硬的本领。这些为他后来带兵打仗打下了坚实的基础。

在繁重的课程和紧张的课外训练之余，图哈切夫斯基并没有放弃利用闲暇读书的机会。他利用一切时机收集军事方面的书籍，先后共读了50多本书。每读一本书，他都潜心研究其中的道理，有不懂的，及时向别人请教。另外，他还能熟读法文、德文版的著作，还读了拉丁文版的恺撒的《高卢战记》。他的这种爱读书的作风也影响了身边的人，他经常和他们探讨书中的道理，给他们讲解其中的奥秘。通过系统地学习军事理论知识，涉猎战争史和战争理论著作，他眼界大开，不仅在战术问题上有了自己独到的见解，而且对战略问题也略知一二。再加上他参加各种野外训练使得他能在日后的战争中指挥千军万马驰骋疆场，屡建奇功。这和他勤勉的学习态度、顽强的进取精神是分不开的。也可以说，他的成功是少年时代的勤奋加汗水换来的。在亚历山大军校学习期间，图哈切夫斯基的成绩也一直名列第一，因此被授予近卫军少尉军衔，近卫军陆军各团都向他敞开了大门。图哈切夫斯基的曾祖父曾经在谢苗诺夫团供过职，这个团是彼得一世执政前创建的两个少年兵团之一，而且苏沃洛夫当年参军时也是在这个团。图哈切夫斯基根据家族传统，选择谢苗诺夫团。1914年7月12日他正式告别了校园生活，离开莫斯科前往驻扎在彼得堡的谢苗诺夫团报到。

五次逃跑

资本主义列强在争夺霸权、瓜分世界的斗争中，为了削弱对手，不可避免地要寻找同盟者。

1882年，德、奥、意三国，由于某种利益关系，达成协议，成立三国同盟。1907年，英、法、俄三国最终成立了“协约国集团”。这样，两个军事集团终于在1907年最后形成了。

1914年，欧洲的两大军事集团——同盟国集团和协约国集团的矛盾日趋激化，而由德、奥、意三国组成的同盟国集团更加急于挑起战争。

1914年6月28日，奥匈帝国在波斯尼亚的首府萨拉热窝，组织了以塞尔维亚为假想敌人的军事演习，狂热的军国主义分子、皇储、军人党首领弗兰茨·斐迪南亲自到萨拉热窝，检阅15、16兵团，并指挥演习。奥匈帝国的蓄意挑衅激起塞尔维亚爱国者的极大愤怒。“黑手党”立即拟定袭击斐迪南的计划。6月28日，在萨拉热窝主要街道多处设下埋伏。上午10时左右，斐迪南夫妇在城郊检阅完军事演习后，乘坐敞篷汽车，进入萨拉热窝城内，埋伏在闹市区的黑手党员向他投出了一枚炸弹，炸中汽车后部。斐迪南被弹片擦伤脸皮，他还故作镇静，在市政府略事休息，又继续乘车招摇过市。当车队从市政厅驶往陆军医院时，终于在街口拐角处，被17岁的爱国者普林西比射出的1颗“仇恨的子弹”击中脑袋，立时毙命。他的妻子腹部也挨了一枪，倒在血泊中。帝国主义立即用萨拉热窝事件作为发动战争的借口。德国皇帝威廉二世叫嚷：“这是千载难逢的机会!”敦促奥匈帝国对塞尔维亚发动战争“不必踟蹰，千万不要放过这次如此有利的机会”。

奥匈帝国首先发难，对塞尔维亚宣战。协约国集团首先是俄国支持塞尔维亚。沙皇尼古拉二世宣布全国总动员。这样，以德奥为一方，以俄、法、英为一方的世界大战开始了。1914年8月6日，第一次世界大战全面爆发。战争从1914年7月起，到1918年11月止，进行了4年又3个多月，战火从欧洲蔓延到亚洲、非洲和美洲，有30多个国家卷入战争，15亿人口受到战争的祸害，战火迅速在欧洲大地蔓延。

图哈切夫斯基刚从军校毕业，就赶上了这场战争。他恋恋不舍地离开母亲，踏上了开往彼得堡的火车。等他乘火车到达彼得堡时，谢苗诺夫团已向前线进发。他昼夜兼程，赶上了正在行进中的部队。他所在的团同第1军的其他部队被派去增援伊万诺夫城下的第4军。这是一场险恶的战争。在战争中，图哈切夫斯基身先士卒，作战异常勇敢，总是喊着口号冲锋在前，深得士兵的尊敬和爱戴，再加上平时图哈切夫斯基平易近人，时常帮助战士们解决困难，战士们也都跟着图哈切夫斯基勇往直前。

1914年9至10月，谢苗诺夫团占领了距克拉科夫不远的维斯拉河右岸的阵地，而德国人的阵地则在左岸较高的地方，很难发现敌人的火力和人员配备情况，这下图哈切夫斯基有点儿着急了。怎么办呢？不了解敌方的火力，就难以制定进攻战略。图哈切夫斯基所在连位于全团的前面，维斯拉河中间有一个不大的沙岛。图哈切夫斯基认真思考着，脑子里忽然闪出一个念头，何不爬上这个沙岛去观察一下德军是怎样设防的呢？拿定主意后，他设法弄到一条小船。

一天晚上，他用力把小船推离岸边，然后自己躺在船底，傍晚时分来到岛上，他在岛上呆了整整一夜，摸清了敌方情况，搞到了团里急需的宝贵资料，并在拂晓前顺利回到部队。在克尔热索茨附近的战斗中，图哈切夫斯基同指挥6连的维谢拉戈中尉一起，率领士兵顶着敌人密集的炮火冲锋。奥地利人路过桑河并点火烧了木桥，图哈切夫斯基穿过燃烧的木桥冲向对岸，士兵们也勇往直前，他们奋力拼杀，杀得奥地利人狼狈不堪，还夺得了奥地利人的战利品。图哈切夫斯基和维谢拉戈中尉带领士兵回到俄军阵地。当时谁都认为他们不会活着回来了，有的士兵还为他们默默地哀悼。亲人们从《俄罗斯言论》报上得到了他的消息：“图哈切夫斯基中尉和维谢拉戈中尉炸毁了敌人后方的桥梁，两位英雄的命运尚无音讯。”隔了一段时间又报道说，图哈切夫斯基“失踪了”，亲人们都陷入悲痛之中。后来又突然得到消息说，图哈切夫斯基平安回到俄军阵地。全家人欢呼雀跃，亲人们奔走相告：咱们的图哈切夫斯基还活着，咱们的图哈切夫斯基还活

着。母亲彼得罗芙娜高兴得流出了眼泪。

图哈切夫斯基曾参加不少次战役，尤其是在被俘前的半年多时间里，他先后参加的主要战役有：卢布林战役、加里西亚战役、伊万诺夫战役、克拉科夫战役、罗兹战役。在战役中，他总是冲锋在前，奋勇杀敌，多次受到上级领导的表彰。他也因作战勇敢，获得了6枚勋章，从安娜4级勋章到弗拉基米尔4级勋章。然而对图哈切夫斯基来说，各种荣誉并不算什么，不能骄傲自满，更重要的是，他在战役中通过实地作战学到了很多宝贵的指挥经验。这对他来说是最最重要的了。图哈切夫斯基在一战中参加的最后一次战役是东普鲁士冬季战役。

1915年初，德国鉴于“施里芬计划”破产，西线陷于阵地战的相持状态，一时难于突破，而东方的沙俄战线辽阔，兵力虚弱，于是决定将作战重心移向东线，先集中兵力打垮俄国，以摆脱两线作战的困境，然后回过头来再对付英法。于是调兵增援东线，使东线德军达到65个师，加上奥匈军队已达100多个师。2月，德军向俄军发动猛攻，俄军大败。这个时候，俄军军需品严重不足，步枪、机枪、火炮、子弹、炮弹极其缺乏，再加上军官们指挥上失误、军事思想的错误、通讯手段等原因，俄军的败局已定。

早在1915年1月底，德军便开始在东线调兵遣将，到了9月，德国东线兵力达65个师，连同奥匈军队达107个师，占德奥集团兵力的一半以上。在这次战斗中，德军火炮比俄军占明显优势。

1915年2月19日，德军在大口径炮火支援下在洛扎施地区转入反攻，谢苗诺夫团广大将士奋勇阻击敌军，但是由于俄军火力异常强大，阵地还是被突破了，图哈切夫斯基所在的7连也被分割包围，大部分军官阵亡。在连指挥官遇难后，图哈切夫斯基承担起他的重担，指挥官兵们突围。但是由于力量对比悬殊，图哈切夫斯基和几名俄军幸存者最后成了德军俘虏。在相当长的一段时间，都没有图哈切夫斯基的消息，很多人都认为他已战死沙场。团长还命令把图哈切夫斯基与其他阵亡军官的名字登了报纸。图哈切夫斯基一家又陷入了悲痛之中，认为这次他是必死无疑了。他们在家里为图哈切夫斯基祭奠亡灵。然而出人意料的是，又过了些天，他们竟然接到了图哈切夫斯基从俘虏营寄出的一封信，到这时才知道，图哈切夫斯基居然还活在世上。家里人又从痛苦中解脱出来。

图哈切夫斯基和几名幸存者成为德军俘虏后，被关押在一起。他们时时都在寻找逃跑的机会，只是被看管得特别严密。但是，图哈切夫斯基并没有放弃逃跑的打算，他在等待时机。图哈切夫斯基共有 5 次逃跑经历，可前几次都失败了，只有第 5 次才获得成功。第 1 次是在被押往俘虏营的路上。图哈切夫斯基想借德军放松警惕的时候悄悄溜掉，但刚逃了不远，即被德军发现，被他们轻松地抓了回来。第 2 次逃跑也未成功。这次逃跑失败了以后，他被送往巴特—什图耶尔战俘营。这个战俘营是专门为不驯服的被俘军官设立的，设在德国中部的一处森林中，四周高墙林立，墙上还设有铁丝网。俘虏营关押着 100 多名战俘，其中俄军和法军战俘各半。俘虏营房里黑洞洞的，空气污浊，军官们唉声叹气，何时才能逃离这个黑窟窿？德军哨兵昼夜站岗、巡逻，稍有点动静，他们就机警地竖起耳朵，而且还时常有几只凶猛的狼狗在注视着一切。即使这样，图哈切夫斯基并没有灰心，仍在留意这里的一切，寻找出逃的机会。机会终于来了。他发现每个月俘虏营都要往外面运一次脏衣服，在外面洗好后再运回来。这些衣服装在大木桶里，由一名德国兵护送。图哈切夫斯基动脑筋想了想，别的没有什么好办法了，何不利用一下这个大木桶？如果能逃出去就算幸运。图哈切夫斯基下定决心以后去找他的同伴菲利波夫商量，商量的结果是他俩一起逃走。他们先计算好时间，在拉衣服的车走之前，他俩趁德国兵不注意悄悄地钻进大木桶。就这样，大车载着装着衣服和图哈切夫斯基及菲利波夫的大木桶出了俘虏营。当大车离开俘虏营很长一段距离，并且到了森林深处时，他们从大木桶里爬出来，出其不意、迅速地缴了德国兵的枪。

德国兵被这突如其来的举动吓呆了，等他反应过来，发出警报时，图哈切夫斯基和菲利波夫已不见踪影。在他俩逃走之前，他们在房子里洒满了马合烟，这样德军警犬也帮不了德军的忙。他们在森林里搜索，结果还是败兴而归。但在图哈切夫斯基和菲利波夫利用大木桶逃走后，德军又增加了 4 个人运送衣服。余下的战俘很难再利用大木桶了，只好另想他法。

当时，出逃的图哈切夫斯基和菲利波夫拼命地跑，顾不上肚子叫，也顾不得脚痛，只是一个劲地跑，等感觉到有些安全了，才放慢些脚步，弄

了点儿吃的。然后继续逃跑。这样东奔西跑30来天，终于来到了荷德边境。荷兰在一战期间不参加任何一方的战斗，是中立国家。在德荷边界，他们俩商量了一会儿。为了减少目标，决定分开行动，如果一个被发现了，另一个或许还能侥幸逃脱。当然最好还是两个人都逃到安全的地方。主意一定，他俩迅速行动。菲利波夫运气比较好，没有被发现，他成功地到达中立国家荷兰。而图哈切夫斯基呢，就不那么幸运了，他刚跑了不远，不小心被什么东西绊了一下，响声惊动了德军，德军没费太大的功夫就把他抓了回来。

这一次图哈切夫斯基被送到英戈尔城堡。这个城堡被认为是专门关押“无法挽救的军官”的。这座城堡位于上巴伐利亚，修建于1827年。一战时，变成了关押被俘的协约国军官的俘虏营。这座城堡警备森严。尤其是第9堡垒，关押的都是被俘虏营的长官认定的最危险分子。这座城堡是一座长形的石头建筑，它一半露在地面，另一半则在地下，即使是白天，牢房里也是幽深昏暗的。堡垒周围有数道铁丝网，而且为了防止犯人出逃，铁丝网外围还有一条深水沟。在这种地方，想要逃跑，可不是容易的事。图哈切夫斯基刚被押到这个城堡不久，就被长官认定是最危险的分子，于是图哈切夫斯基被押在第9号囚室。正是在这第9号囚室里，图哈切夫斯基结识了未来的法国总统戴高乐。当时的戴高乐还是个不出名的法国低级军官，直到过了几十年以后人们才知道，原来这个法国人就是著名的戴高乐总统。法国人表情严肃，身材高大魁梧，吸引了图哈切夫斯基；而图哈切夫斯基丰富的表情，炯炯有神的、淡蓝色的大眼睛，也吸引了这个法国人。他们两人都受过良好的教育，都喜欢看书，在一起就有说不完的话，尤其是谈到战争这个问题，两人更是滔滔不绝、各抒己见。他们谈论某次战役的胜败得失，谈论某次战役的战略战术，还探讨在一战中刚刚出现的坦克及其作用。尽管俘虏营中条件极其恶劣，还进行体罚式操练，他们俩却由于兴趣、爱好相投，互相鼓励，从某种程度上起到了精神上的解脱作用。他俩还由于独立的人格、勇敢和不屈不挠的精神赢得了其他战俘的尊重。图哈切夫斯基和法国人一起商量逃跑的办法，但是两人一起逃跑不太容易，戴高乐决定先采取行动，而图哈切夫斯基决定全力帮助他逃离此地。商量好对策后，他们等待着时机。

在德国巴伐利亚的俘虏营里，每天都实行严格的点名制度。这一天早晨，当德国兵念到戴高乐的名字时，一位身着法国军服、肩披军大衣的年轻军官马上回答，如果点名人听觉较好，又比较细心的话，就很容易发现这并不是戴高乐本人，而是图哈切夫斯基的声音。等到德国人发现戴高乐已不在营房里时，为时已晚，戴高乐已顺利地逃出俘虏营，几经周折，回到了法国，而图哈切夫斯基也并未因此而遇到麻烦。德国人发现有人替代戴高乐应答后，极力想找出这个人，但因战俘们都闭口不答，德军也毫无办法，最后只得不了了之。可以想象，这次行动图哈切夫斯基承担着很大风险。他已逃跑过3次（均未成功），早已被长官认为是“刺头”。这次行动的后果是可想而知了。戴高乐在其所著的《图哈切夫斯基的事业》一书中，以无比感激、无比崇敬的心情回忆起在德国俘虏营的往事，与图哈切夫斯基在一起的难忘日子，高度赞扬了图哈切夫斯基的高尚品格和大无畏精神。戴高乐逃跑以后，德军的防范措施再次升级。但是，这也不能使图哈切夫斯基放弃逃跑的打算。这次他们准备集体行动。深夜，他们撬开地板，在墙下挖地道，白天一点点儿地把土运出去，但是这样没过几天，地道还没挖成，就被看守发现了，逃跑计划落空。在这次逃跑被抓住后，他冒充士兵，被关进了士兵俘虏营。这里看管要比第9号堡垒松多了。尽管士兵们知道他是位军官，但大家都心照不宣，不但没人告发他，反而帮着他逃跑。1917年8月的某一天，图哈切夫斯基和其他战俘利用在俘虏营散步的机会逃了出来，他们机警地骗过警卫队，避开了监视人员的视线，溜出了城。

他们白天隐藏起来，夜晚再出来前进，非常谨慎、提心吊胆地向德瑞边境逃去。经过几个月的艰辛的跋涉，终于来到了瑞士边境。图哈切夫斯基真想一步跨过边界，进入瑞士领土。可是有几名德国宪兵正在那里徘徊、巡视。图哈切夫斯基还是没有摆脱德国宪兵的追捕，但身体强健、思维敏捷的他最终把宪兵甩在了后面。第5次逃跑终于成功了，可在这次逃跑中有好几次惊险的情形。有一次他躲在草垛里藏身，德国兵用钢叉在草垛里乱捣，图哈切夫斯基屏住呼吸，一动也不敢动。这几分钟难熬极了，还算走

运，德国兵没有发现他。一回想到这个时刻，图哈切夫斯基浑身直打哆嗦。在瑞士首都伯尔尼，图哈切夫斯基找到了俄国驻瑞士领事馆，取得了返回俄国的必要证件。图哈切夫斯基离开俄国已经很长时间了，他很想念亲人，想念祖国的一草一木。

1917 年 10 月 12 日，图哈切夫斯基回到了彼得格勒。其实，图哈切夫斯基这次回国是费了一番周折的。当时德军封锁着从东西两面进入俄国的通道。他只能先到法国，然后再到伦敦，从伦敦进入斯堪的纳维亚半岛，才能回到俄国。等他来到法国巴黎时，已经一贫如洗了。他找到了俄国驻法大使馆，大使阿·阿伊格纳季叶夫伯爵帮助他回到俄国。图哈切夫斯基非常感谢这位大使，大使回国时，图哈切夫斯基亲自去拜谢他。大使也非常欣赏图哈切夫斯基的勇敢顽强和传奇经历，经常鼓励他、帮助他，和图哈切夫斯基成了好朋友。

在图哈切夫斯基离开的日子里，俄国发生了很多事情。1917 年 10 月 10 日，布尔什维克党中央委员会通过武装起义的决议，彼得格勒成了激烈争夺的战场。

图哈切夫斯基回到俄国后，对眼前的形势感到十分新鲜，而又不太了解。他先从彼得格勒回到了家里。但是到家后，一种悲痛、凄凉的感觉油然而生，父亲的遗像高高地挂在墙上。图哈切夫斯基怎能忘记父亲生前对他的谆谆教导和深切的关怀，泪水不自觉地模糊了他的双眼：“爸爸，您回来呀，再看儿子一眼吧！”父亲是 1914 年他去前线以后死去的。父亲的离去给家里人带来了悲哀，全家几乎失去了往日的欢笑。接着，不幸的事又发生了，姐姐娜嘉又很不情愿地离开了人间。在图哈切夫斯基被俘期间，小弟弟也死了。家里的经济状况可想而知，已经很难维持生计，只好从莫斯科迁到奔萨附近的弗拉日科耶村。亲人的相继离去使得母亲的头上过早地爬满了银丝，枯燥干瘪的双手失去了往昔的柔嫩光泽。图哈切夫斯基看在眼里，疼在心里，尽量安慰母亲受伤的心灵。然而外面的世界吸引着图哈切夫斯基，他在家里只呆了几天，便告别母亲，前往谢苗诺夫兵团。